Liberdade Digital

Copyright © 2021 por Hyeser Souza

Todos os direitos desta publicação reservados à Maquinaria Sankto Editorial.
Este livro segue o Novo Acordo Ortográfico de 1990.

É vedada a reprodução total ou parcial desta obra sem a prévia autorização, salvo como referência de pesquisa ou citação acompanhada da respectiva indicação. A violação dos direitos autorais é crime estabelecido na Lei n.9.610/98 e punido pelo artigo 194 do Código Penal.

Este texto é de responsabilidade do autor e não reflete necessariamente a opinião da Maquinaria Sankto Editora e Distribuidora Ltda.

DIRETOR EXECUTIVO
Guther Faggion

DIRETOR DE OPERAÇÕES
Jardel Nascimento

DIRETOR FINANCEIRO
Nilson Roberto da Silva

EDITORA EXECUTIVA
Renata Sturm

EDITORA
Gabriela Castro

DIREÇÃO DE ARTE
Rafael Bersi, Matheus Costa

ILUSTRAÇÃO E CAPA
Jady Salvatico, Paulo Bruno

REDAÇÃO
Ana Maria Menezes

PREPARAÇÃO
Francine Torres

REVISÃO
Laila Guilherme

ASSISTENTE
Vanessa Nagayoshi

DADOS INTERNACIONAIS DE CATALOGAÇÃO NA PUBLICAÇÃO (CIP)
ANGÉLICA ILACQUA — CRB-8/7057

SOUZA, Hyeser
Liberdade digital: o mais completo manual para empreender na internet
   e ter resultados / Hyeser Souza. — São Paulo : Maquinaria Sankto
   Editoria e Distribuidora Ltda., 2021.
   192p.
   ISBN 978-65-88370-32-2
1. Mídia social 2. Internet — Comunicação 3. Marketing na Internet
I. Título
   21-4561   CDD 302.23

                 ÍNDICE PARA CATÁLOGO SISTEMÁTICO:
1. Mídia social — Empreendedorismo

 R. Leonardo Nunes, 194 - Vila da Saúde,
São Paulo – SP – CEP: 04039-010
www.mqnr.com.br

HYESER SOUZA

Liberdade Digital

O MAIS COMPLETO MANUAL PARA EMPREENDER NA INTERNET E TER RESULTADOS

Dedico este livro às minhas duas mães. Primeiro minha avó, que me criou, me educou e, mesmo sem as melhores condições financeiras, sempre deu um jeito de me ajudar e apoiar os meus projetos. Depois a minha mãe, que me ensinou a ter responsabilidade e maturidade logo cedo.

Enquanto minha avó era a durona, minha mãe era a babona. Essa foi a junção perfeita que me fez ser assim.

Obrigado, vovó e mamãe.

Agradeço a cada um do meu time que fez este livro acontecer – um processo que durou alguns meses.

Por fim, uma frase que faz todo o sentido: "Se quiser ir rápido, vá sozinho. Se quiser ir longe, vá acompanhado".

Obrigado.

APRESENTAÇÃO
PÁGINA 9

INTRODUÇÃO
PÁGINA 13

MARCO ZERO
PÁGINA 21

COMPORTAMENTO DO USUÁRIO NAS REDES SOCIAIS
PÁGINA 57

DESCOBRINDO A TEMÁTICA DO SEU PERFIL
PÁGINA 75

QUAL É A CARA DA SUA MARCA?
PÁGINA 91

Metas e objetivos
PÁGINA 99

Gatilhos mentais
PÁGINA 119

Relacionamento com o cliente
PÁGINA 135

O algoritmo não é seu inimigo
PÁGINA 147

Conteúdo infinito
PÁGINA 169

Conclusão
PÁGINA 187

APRESENTAÇÃO

Conheci Hyeser durante o evento "Do mil ao milhão", promovido por Thiago Nigro na Arena Ibirapuera, em São Paulo, em 2019. "Joel, conhece esse cara? Ele é incrível! O nome dele é Hyeser", disse Thiago, sem escolher muito as palavras. O que eu vi foi um garoto simples, tranquilo, tímido e com um potencial enorme. Aproveitei e o convidei para participar do meu treinamento, que aconteceria em Santos. Ele foi, e rapidamente nos conectamos. Desde o primeiro momento em que nos falamos, percebi que Hyeser era uma pessoa de coração enorme e com uma habilidade gigantesca com a internet.

No ano seguinte, Hyeser começou a botar a cara no mundo. Até então, ele se escondia atrás das diversas marcas que construiu do zero e fez crescer de forma surpreendente em pouquíssimo tempo, conquistando seguidores, engajamento, relevância e autoridade. Hyeser passava grande parte do seu tempo estudando, pesquisando, fazendo perguntas e buscando trazer as melhores estratégias para nosso Instagram, sempre enfatizando a importância de crescer com solidez e engajamento. Foi um período em que aprendi muito com ele e entendi de fato como funcionam os algoritmos. Juntos, desenvolvemos uma estratégia para os *stories* do Instagram, que chamamos de "Pimenta Malagueta" (e que você verá com mais detalhes neste livro).

Mas você, leitor, só entenderá o que eu estou dizendo quando ler esta obra. Você será transformado por meio de todo o aprendizado que Hyeser adquiriu ao longo de sua jornada e que, agora, é compartilhado nestas páginas. Antes mesmo de terminar, você já será uma pessoa diferente, assim como eu depois do meu primeiro contato com ele.

Eu conheci o Hyeser acreditando que ele era especialista em Instagram. Hoje, como seu amigo, tenho certeza de que ele é especialista em pessoas – em comportamento humano. E é essa habilidade que faz toda a diferença em suas estratégias. Diante de tantas marcas e pessoas que já se beneficiaram com o seu trabalho, digo com tranquilidade que ele é a maior autoridade em engajamento, crescimento e transformação digital no Instagram.

JOEL JOTA
Ex-atleta da Seleção Brasileira de Natação e mentor de alta performance

INTRODUÇÃO

Muita gente olha para influenciadores de sucesso nas redes sociais e deseja ter aquele reconhecimento para si. Quem não quer ser conhecido por ser bom em algo? Mas, na realidade, essas pessoas querem resultados rápidos sem fazer esforço nenhum. Antes de chegar aonde chegou, a maioria dos grandes influenciadores passou por um baita processo de anos e centenas de postagens acumuladas – e, a menos que você seja um ex-BBB ou tenha tido a sorte de um único *post* seu viralizar, você terá de alinhar a consistência ao seu processo.

No meu caso, esse processo de crescimento começou no Instagram, lá em 2013. Antes, eu não gostava da plataforma, porque era uma rede social que se resumia a fotos de cachorro e de comida. Ali não tinha entretenimento de verdade, e eu nunca fui muito fã de postar fotos minhas. Eu preferia mesmo era passar meu tempo jogando no Orkut.

Quando finalmente decidi entrar no mundo dessa rede social, meu único objetivo era ser famoso. Sempre gostei de jogar futebol, até cheguei a treinar na escola de futebol do São Paulo por um tempo. Sabe por quê? Porque, na minha cabeça, ser jogador de futebol era sinônimo de fama e dinheiro, e eu queria isso para mim. Se me tornasse jogador algum dia, certamente atrairia para mim muito dinheiro e fama. Só que o futebol acabou não dando certo, eu era muito pequeno e magro se comparado aos outros jogadores nascidos no mesmo ano (1998). Por outro lado, o Instagram apresentava os números de seguidores como uma demonstração de fama, e, como eu atrelava fama ao dinheiro, pensei: por que não tentar conquistar milhares de seguidores? Já que não posso jogar, ainda posso ser famoso. Aos quinze anos, eu acreditava de verdade que esse era o caminho.

Só tinha um problema: eu era absurdamente tímido. Não gostava da minha voz nem da minha aparência, na escola passava mal até com a possibilidade de falar diante da turma para apresentar um trabalho. Ter de falar para um grande público era um sofrimento danado. E aparecer em frente às câmeras? Nunca! Mesmo assim, eu ainda queria ser famoso.

Nada tirava da minha cabeça que a minha fama partiria do Instagram. Eu via grandes estrelas do futebol na televisão com seguidores por todos os lados. Bem, eu queria aquilo, e o Instagram seria a minha ferramenta para esse fim. Meu pensamento era: se eu não quero aparecer em frente às câmeras, tem quem queira, então posso divulgar o perfil das pessoas que gostam de estar sob os holofotes. Só faltava eu abrir a minha conta.

Logo nos primeiros anos do lançamento do Instagram, o iPhone já se mostrava muito mais eficaz quanto à qualidade das imagens postadas, e eu queria começar a minha jornada no mundo digital com o pé direito. Mas como eu faria isso sem um iPhone? Liguei para a minha avó no mesmo dia – ela que sempre me apoiou nos meus projetos, mesmo com poucas condições.

Fui surpreendido com a seguinte resposta: "Meu filho, a vovó não entende o que é Instagram, mas, de todo modo, não tenho dinheiro para te ajudar, você sabe que recebo um salário mínimo". Eu entendi, e naquele momento eu via outro sonho não indo para a frente. Duas semanas se passaram depois dessa conversa, e minha avó me ligou: "Netinho, a vovó vai comprar seu iPhone parcelado em 24 vezes, só que não vou conseguir pagar, então você terá que assumir essa dívida todos os meses". Eu me empolguei e topei na hora. E lá estava eu, com aproximadamente quinze anos e uma dívida de um iPhone. Eu tinha naquele momento dois novos objetivos: ser famoso e conseguir pagar minha avó.

Em 2013, criei a minha primeira página nas redes sociais, a *Sou Teenager*.

No início do Instagram, conseguir vários seguidores era mais fácil do que hoje, havia menos gente na plataforma e menos concorrência, por isso a chance de chamar atenção era maior.

Nessa minha página, eu mostrava o rosto de outras pessoas, não o meu. Comecei divulgando perfis em troca de divulgarem o meu, e assim aumentávamos juntos o número de seguidores. Conforme a página crescia, comecei a fazer batalhas de like entre perfis. Eu divulgava as fotos dos participantes e eles pediam para seus seguidores entrarem no meu perfil e darem like. Quem tivesse mais curtidas ganhava a batalha. Isso trazia mais seguidores e fama tanto para mim quanto para os participantes. Assim, cada vez mais pessoas se interessavam em participar das batalhas. Só nessa brincadeira, alcancei 47 mil seguidores em três meses.

Um dia, uma empresária pegou o meu contato com um conhecido e me enviou uma mensagem, mostrando certo interesse em adquirir a minha conta. Como eu ainda não havia pago a primeira parcela do celular, senti que vender meu perfil, apesar de doloroso, seria uma forma de resolver o problema. Você deve estar se perguntando por que vendi o meu perfil se ele tinha tantos seguidores. Eu já não era famoso? Não! Como eu não mostrava o meu rosto na página, *eu* não era famoso, só estava trilhando o caminho certo para isso. Eu não sabia nada sobre *design* ou engajamento, mas tinha um objetivo (ser famoso) e uma ferramenta para isso (o Instagram). Esse foi apenas o começo do meu trabalho.

Apesar de não entender nada sobre vendas e crescimento, aprendi com a prática. Tudo que eu fiz foi *skin in the game*, o que em português podemos chamar de "dar a cara a tapa" ou "sentir na pele". Ao decidir escrever este livro, quis que ele fosse um material para ajudar novos empreendedores, assim como eu fui um dia, a sentir na pele o desenvolvimento saudável e a ter vendas bem-sucedidas com a ajuda das redes sociais.

Começar um novo projeto nunca é fácil, porque sair da zona de conforto exige esforço. Seu cérebro precisa se adaptar ao novo ambiente, entender que há algo novo a ser feito, novas exigências e novos objetivos.

Hoje em dia, depois de sete anos trabalhando com mídias sociais todos os dias, sem parar e sem perder o foco do meu trabalho, alcancei 15 milhões de seguidores de forma orgânica nos meus mais de vinte perfis. E não se engane: não trabalhei com *lifestyle* enquanto crescia, mas com diversos perfis de temáticas diferentes: memes, história, fotografia, marketing digital etc. Trabalhar com diferentes áreas me provou uma coisa: não importa o conteúdo, o que importa é **COMO** você o apresenta para seu público.

Tem tantas pessoas por aí precisando de ajuda para conquistar algo, e você pode ter justamente o que elas precisam. Mas, assim como elas, você não sabe por onde começar. O meu objetivo com este livro é mostrar que você pode crescer na internet e se consolidar no longo prazo falando *do que quiser*, mas da maneira certa.

Posso dizer com firmeza que sou livre e que vivo das mídias sociais como *influencer* e como vendedor. Não pretendo passar para você um ABC do crescimento, mas mostrar diversas ferramentas para você testar e sentir na pele como se consolidar nas redes sociais no longo prazo. Ao fim deste livro, você saberá que a liberdade, seja ela financeira ou não, está logo ali esperando por você, que só precisará saber como usá-la a seu favor.

Em qualquer projeto o **MARCO ZERO** é um ponto em comum. A partir dele você começa a ramificar seus objetivos e obtém ferramentas para alcançá-los. O marco zero é a base. Eu precisei construir a minha sem conhecer nada do mercado das redes sociais, por isso quero mostrar a melhor base possível, para que você possa criar ramificações a partir do marco zero da sua empresa sem incorrer nos mesmos erros que cometi.

Não me entenda mal, você precisa errar no meio do caminho, mas aprender com a experiência de outra pessoa é uma boa forma de evitar erros prejudiciais de verdade. Por isso, com o intuito de ajudar você a entender que o marco zero do **CONTEÚDO DIGITAL** é importantíssimo para a sua marca, vamos dar o pontapé inicial para começar sua empresa nas redes sociais, com ferramentas que vão ajudá-lo a consolidar a sua marca. Porém, ao contrário do Hyeser de 2013, faremos isso com algumas informações que podem poupar você de um trabalho desnecessário, além de ajudá-lo a otimizar tempo e dinheiro.

Você já sabe a importância do marco zero, e ter uma mente consciente e focada no longo prazo é essencial para diferenciar você de outras pessoas que começam a trabalhar com redes sociais, mas acabam desistindo.

A verdade que as pessoas não falam tanto é que trabalhar com mídias sociais é algo para o longo prazo, é demorado. Nós estamos mal-acostumados com os exemplos de pessoas que viralizam em uma noite e conseguem vários seguidores, porém a maioria dos casos não é assim.

Primeiro você cria uma base, então vai crescendo progressivamente, sempre analisando o que deu errado e o que deu certo para melhorar o seu conteúdo e otimizar seu crescimento. Muitas pessoas desistem antes mesmo de firmar sua base, porque se frustram ao não receberem resposta imediata, um dia após a criação de seus perfis.

Você pode, sim, crescer rápido. Existem fórmulas para isso (como falaremos ao longo do livro), porém o que você precisa ter em mente é que crescer sem ter uma base é perigoso. No seu primeiro erro, a queda vai ser feia e não haverá amparo. Contudo, se você construir seu perfil em uma base sólida, com inteligência e *skin in the game*, aproveitando suas experiências para entender as próximas estratégias, mesmo que você erre, ainda terá algo em que se segurar – e o melhor, passar por cima da situação.

Levando em consideração que você precisa de uma base, de um marco zero, podemos dizer que um dos grandes problemas que vemos no contexto da mídia é o desgaste emocional e psicológico que as redes sociais podem causar.

No marco zero, você precisa considerar a sua saúde mental e sempre voltar para ela quando estiver no meio do caminho para o sucesso. Por isso, quero compartilhar algumas dicas que eu gostaria de ter recebido quando comecei a criar minhas redes sociais.

> **LEMBRE-SE**
> É importante que você esteja empolgado com a sua marca, com os projetos, com o que você deseja alcançar, mas o seu objetivo é o sucesso e uma mente saudável.

VOCÊ VAI ERRAR

O mais importante de tudo é saber que você vai errar, mas existem erros "certos" na hora de construir a sua identidade nas redes sociais. O tipo de erro que ajuda é aquele em que você erra muito rápido e muitas vezes. É isso mesmo que você leu: quanto mais conteúdo você postar, mais você vai errar, justamente por estar produzindo muito! Mas é com base nessa massa de conteúdo que você consegue enxergar os erros que cometeu, por isso aprende mais rápido com eles. A questão é errar no início para evitar erros quando seu perfil estiver grande e consolidado.

Por isso, lá vai um ensinamento que parece simples, mas que faz toda a diferença: opte sempre por quantidade em vez de qualidade. E eu sei que é louco pensar assim, mas a verdade é que poucas pessoas de fato sabem distinguir conteúdos que realmente são de "qualidade". Portanto, quanto mais vezes você postar, mais rápido você desenvolverá um senso crítico e entenderá o que sua audiência realmente gosta de receber.

Ao longo dos meus sete anos trabalhando com a internet, descobri que criadores de conteúdo não sabem criar conteúdo de verdade. Você já precisou criar um *post* ou um projeto detalhado que tomou horas do seu tempo e no final flopou? Decepcionante, não é? Mas você já criou um conteúdo que, embora tenha sido feito em dez minutos, teve um número maior de engajamento? Aí você fica se perguntando o que fez de certo e o que fez de errado, mas não há uma resposta absoluta para essa pergunta.

A questão não é sair criando conteúdos em dez minutos apenas. O público se comporta de algumas maneiras com relação ao conteúdo que vê em seu *feed*, e você não vai saber qual é o tipo que funciona melhor para a sua comunidade se **NÃO ERRAR** e **NÃO EXPLORAR**. É por isso que, quanto mais você produz, mais entende seus erros e, consequentemente, consegue corrigi-los mais rapidamente.

Portanto, permita que o seu conteúdo não vá bem às vezes. Olhe os números (e não digo só de likes), entenda o comportamento do público analisando as ações desencadeadas pelo seu *post*. Se mais pessoas compartilharam, significa que aquele é um conteúdo que vale a pena ser passado para a frente. Se muita gente comentou, o seu conteúdo chamou a atenção para que as pessoas dessem sua opinião. Se a maioria salvou o seu *post*, ele é relevante a ponto de ser lido novamente. Essas informações só vão estar disponíveis caso você poste algo. Se você desiste logo no primeiro baque de engajamento, nunca será bem-sucedido nas redes sociais, porque é tudo sobre errar e tentar de novo.

O segredo do erro é errar enquanto você pode se dar ao luxo de errar. Como os meus perfis sempre cresceram muito rápido, eu cometi erros com números já muito altos de seguidores, o que foi prejudicial para mim. Assim como eu disse, é melhor errar quando existe uma base que possa amparar você.

Nas minhas primeiras lives no Instagram, devido à minha timidez, não conseguia desenvolver bem o tempo de conversa com o público. Os comentários me confundiam, eu ficava nervoso e sem ideia do que dizer. Detalhe: isso em um perfil com mais de 100 mil seguidores. Por começar a fazer lives tarde demais, errei tarde demais também. Aprendi com meus erros, mas eu poderia ter errado antes e com menos danos. Por isso, especialmente no início, permita-se errar.

A PERGUNTA DOS 100 MIL SEGUIDORES

Você já deve ter visto alguém dizer (ou você mesmo já disse): "Quando eu tiver um número x de seguidores, vou começar a publicar um conteúdo mais sério". Não caia nessa! Não importa se você tem cem, mil ou 100 mil seguidores, permaneça fiel à imagem que quer passar.

Antes de publicar algo, pergunte a si mesmo: "Eu postaria isso se tivesse 100 mil seguidores?". Essa pergunta é essencial para entender que tipo de conteúdo você quer trazer para a sua comunidade.

Algumas pessoas não veem problema em se expor, falam sobre a vida pessoal, compartilham sua rotina, realmente abrem a sua casa para os seguidores. Outras, como eu, por exemplo, são mais reservadas, falam diante das câmeras, mas não se sentem tão confortáveis em revelar uma porção da vida pessoal. Não existe um lado certo ou errado nisso, **VOCÊ** só precisa pensar na imagem que quer passar.

Vamos supor que haja uma loja de calçados femininos. A dona da loja não se sente confortável postando artigos de luxo em sua loja, mas decide seguir esse caminho porque acha que venderá mais assim. Quando ela cresce, não se identifica com o seu próprio conteúdo e começa a atrair um público que se identifica com o que ela quer passar, não com o que ela acredita ou vende. E então, quando já está consolidada, a dona da loja decide fazer o que sempre quis desde o início: manter tudo simples. Nesse ponto, seu público está acostumado com uma imagem, a do luxo, e não com a simplicidade. A tendência é que essa loja perca seguidores, até vendas, porque a imagem do estabelecimento não correspondia às expectativas dos seguidores.

Se desde o início a dona dessa loja de calçados tivesse sido fiel ao que sabia corresponder melhor a quem ela era e ao perfil da loja, teria atraído a clientela à qual dirigia seus produtos. Então pense bem: o que você publica para cem seguidores é o mesmo que publicaria para 100 mil?

O MOMENTO PERFEITO NÃO EXISTE

Existe um conceito que pode acabar com a sua chance de ter uma base firme nas redes sociais ou pode ajudar você a alcançar muito sucesso: o *timing*, ou seja, o tempo ideal de realizar alguma coisa.

Mas, Hyeser, o que é esse *timing*? Vou dar um exemplo: a Copa do Mundo acontece de quatro em quatro anos, e geralmente nos períodos de Copa surgem vários tipos de informação sobre o maior evento de futebol do mundo. Mas aí eu pergunto: faz sentido falar sobre a Copa com a mesma intensidade em um ano em que o evento não ocorrerá? Isso é o *timing*: é o tempo certo para fazer algo.

Muitas pessoas esperam o momento perfeito para uma ação, e isso vale para qualquer área da vida, seja para se declarar para alguém que ama, seja para pedir um aumento no emprego. O momento perfeito pode nunca chegar. Você não pode depender de um bom momento para botar a mão na massa, especialmente quando o assunto for redes sociais. Seja em um bom ou um mau momento, você precisa entender que, sem começar, não vai chegar a lugar algum.

A melhor hora para começar foi ontem, a segunda melhor é agora.

Ouço muitas pessoas dizerem: "Quero aprender tudo sobre essa rede social, para então começar a trabalhar nela". Só que elas nunca começam, porque querem saber de tudo na teoria, mas não conseguem passar para a prática.

Para tirar uma carteira de motorista, precisamos estudar toda a teoria, aprender sobre as leis de trânsito e como colocar um carro na rua sem fazer o motor morrer. Na hora do exame prático, precisamos seguir à risca todas as indicações do que aprendemos. Depois da aprovação, quando começamos a dirigir de verdade e nos deparamos com situações que não estavam nas apostilas, precisamos nos virar com o conhecimento prático que temos. E é aí que sentimos na pele o que é dirigir. Não tem um livro com instruções ou um teste de baliza. Na vida real das redes sociais acontece a mesma coisa: você precisa ter jogo de cintura e misturar a teoria com a prática.

> **Você pode não ter o melhor aparelho, você pode não ter o melhor conteúdo, ou pode até não ter os melhores resultados e autoridade, mas o pouco que você sabe pode ajudar alguém que ainda não sabe nada.**

Enquanto você lê este livro, espero que esteja pensando em formas de aplicar o que aprendeu. Leia um capítulo, coloque em prática. Leia outro, coloque em prática também. Estude sobre as redes sociais enquanto aplica o que estuda, ou comece a aplicar e vá estudando ao longo do caminho.

ENTENDA OS SEUS LIMITES

Acredite, é possível ficar cansado trabalhando com redes sociais. Excesso de postagens, vários dias em sequência com muito conteúdo, anos e anos de trabalho no mesmo nicho são alguns motivos que podem deixar você esgotado. Portanto, é essencial reconhecer no seu corpo os sinais de cansaço, de estresse ou qualquer outro gatilho negativo que leve você ao limite.

Caso você decida passar apenas certo período nas redes sociais administrando seu perfil, busque formas de se regrar para se manter naquele limite. O cansaço e o estresse vão acontecer, isso é normal, mas, se você tiver um objetivo maior para sempre continuar persistindo, não vai parar, eu tenho certeza!

Logo no início, mesmo sem receber dinheiro por isso, eu já considerava minhas redes sociais um trabalho, então priorizei isso em detrimento de festinhas de colegas de escola e até deixei de

A MELHOR HORA para começar FOI ONTEM, A SEGUNDA MELHOR É AGORA!

passar algum tempo com a minha família. No ensino médio e na faculdade, perdi várias aulas, pois precisava responder a clientes e até mesmo fazer postagens. No fim, deu tudo certo! Eu acreditava que realizaria meus sonhos e no fim poderia ajudar minha família, por isso me dediquei tanto.

Mas não precisa ser assim com você. Você pode alcançar o mesmo resultado trabalhando com mais calma se tiver alguém ao seu lado para guiá-lo em seu caminho e se utilizar as estratégias certas. Saiba gerenciar o seu tempo e as suas prioridades. O meu trabalho nas redes sociais foi a minha prioridade, então eu o colocava acima de outras prioridades menores. Estabelecendo o que é prioritário na sua vida, você entenderá aonde quer chegar.

MARCO ZERO: A SUA MARCA NUA E CRUA

Quando um perfil começa do zero, a tendência é querer seguidores imediatamente, afinal de contas, em um primeiro momento, seguidores significam autoridade. Mas, para evitar que você caia na tentação de colocar os pés pelas mãos e minar a sua chance de sucesso, apresento duas diretrizes para o início do seu perfil: não comprar outros perfis com seguidores e entender por onde começar.

Eu vendi algumas páginas no Instagram quando era mais novo, e, por mais que vender seja um bom negócio (quem não gosta de ganhar uma grana para pagar as contas no fim do mês?), comprar quando se tem um perfil pequeno não é a melhor opção.

Quando você compra um perfil, o que vem junto é um público acostumado com aquele tipo de publicação e comportamento. Se você tem uma loja de carros e quer comprar um perfil no Instagram sobre moda feminina, eu te garanto que não dará certo, porque os seguidores daquele perfil não estão acostumados a ver carros esportivos em sua *timeline*, mas sim *posts* envolvendo moda feminina, então a tendência é a perda massiva de engajamento e de seguidores, tendo pouco ou nenhum retorno.

É normal perder seguidores ao longo do seu crescimento nas redes sociais, mas é preocupante quando se perde mais do que ganha. Por isso, não compre perfis quando começar a sua própria rede social.

A pessoa pode, sim, começar o perfil profissional a partir de seu perfil pessoal – o que, inclusive, até recomendo –, pois é a melhor chance de já começar com alguns potenciais clientes, que são os próprios amigos e pessoas do convívio social. Entretanto essa pessoa terá de entender que possivelmente seu engajamento será ruim e que boa parte dos seguidores não vai demonstrar interesse no novo tipo de conteúdo. Sendo assim, podem acontecer duas coisas: decréscimo no número de seguidores e perda de engajamento.

A primeira pergunta que você deve se fazer é: as pessoas que me seguem hoje vão ter interesse em comprar o que vou oferecer de produto ou serviço, caso mude de perfil? A resposta pode ser *não*!

Se você acha que aquele público, em algum nível, pode se interessar em comprar o que você quer oferecer, tente algumas vendas. É tudo questão de tentar, errar e aprender com o seu erro o mais rápido possível.

Costumo dizer sempre que é melhor perder seguidores que não acrescentam em nada no seu perfil e não ligam para o seu conteúdo do que mantê-los apenas para amaciar o seu ego. Não vale a pena, eu garanto.

> É melhor ter menos seguidores, mas que sejam engajados e sigam o perfil porque amam o seu conteúdo, do que ter milhares de seguidores fantasmas que não são engajados em relação ao que você posta.

COMO COMEÇAR A CRIAR UMA REDE SOCIAL DO ZERO?

Você já se sentiu sufocado por ter muitas informações ao mesmo tempo e não saber como processar tudo de uma vez? No contexto das mídias sociais, especialmente na hora de aprender a começar seu negócio na internet do zero, isso é bem comum.

No início da minha caminhada, quando eu ainda tinha a página *Sou Teenager*, não sabia nada sobre engajamento ou métricas. Como você já sabe, eu só tinha o meu objetivo de fama definido. Foi a partir do meu objetivo que eu fui atrás de algumas informações.

Em vez de primeiro reunir todas as informações para então decidir o meu objetivo, olhei para mim mesmo, para o que eu queria, e só então busquei o que era necessário para alcançá-lo.

Na área do marketing digital, onde tem muita gente falando ao mesmo tempo, você às vezes só precisa olhar para si próprio, para o que quer, e então usar isso como ponto de partida. Evite se encher de métodos de pessoas diferentes, pois isso pode deixar você mais confuso do que nunca.

É comum as pessoas buscarem várias opiniões de diversos *influencers* e tentarem seguir todas ao mesmo tempo. É aí que mora o perigo. A internet não possui uma única fórmula de crescimento, e cada um dos métodos ensinados pode ter resultados, mas, se você começa a aprender um método de uma pessoa e mistura com outros três, a tendência é que você se perca e o resultado não vai seja o melhor. O que eu quero dizer com isso? Se você quiser seguir o método de um *influencer*, foque sua estratégia seguindo as orientações dessa pessoa, evitando misturar diversas coisas ao mesmo tempo.

> O segredo do meu sucesso foi a ausência de várias ideias ao mesmo tempo, já que o que funciona para mim pode não funcionar para outra pessoa.

Para ser bem-sucedido nas redes sociais, não basta gerar muito conteúdo, você precisa de estratégia. Não faz sentido só gerar conteúdo para crescer! Pense no objetivo da sua rede social: é aumentar o número de seguidores? É criar uma boa base de vendas? É ser uma loja on-line? A partir dos seus objetivos, você começa a pensar em para onde se voltará a produção do seu conteúdo para que eles sejam alcançados. Neste livro, veremos algumas ferramentas que vão ajudá-lo a descobrir quais são seus objetivos e como colocá-los em prática. Isso sim é começar a criar uma estratégia.

Se o seu objetivo é se consolidar como autoridade na sua área, seu conteúdo precisa provar para o público que você é uma autoridade. Nesse caso, não faz sentido postar memes a cada dois segundos, porque esse tipo de publicação aos montes não serve ao seu objetivo.

O conteúdo é *commodity*: se ele sozinho fosse bom, então todo mundo seria famoso. Se você produz conteúdo só por produzir, então não vai crescer.

Vou ajudar você com algumas estratégias, especialmente se estiver começando agora.

Olhe para a sua base

Se você já tem um certo número de seguidores, olhe para a base de pessoas que seguem você. Seus seguidores têm interesse no que você posta? Se não têm, vá atrás de quem tenha, de quem consuma o que você tem a oferecer.

E se você tem medo de perder alguns seguidores por focar mais o seu objetivo, não tenha medo. É melhor perder seguidores que não agregam em nada no seu perfil do que tê-los ali só para fazer volume.

Tenha personalidade

Todo mundo gera conteúdo, então o que diferencia você das outras pessoas? A forma como você produz esse conteúdo. Dê a sua cara ao que você posta, ao que você fala. Não tente seguir a onda do que todo mundo fala se não concorda com aquilo.

Não posso ser hipócrita e dizer que no início você consegue se destacar só com o conteúdo, então a melhor forma de fazer isso é deixá-lo mais com a sua cara. Não tem como se destacar sendo igual!

Fiz a mim mesmo a pergunta, sobre qual era o meu diferencial, o que eu poderia fazer diferente na área do marketing digital, com tanta concorrência e tantas ideias inovadoras. A forma de destaque que encontrei foi o destaque visual.

Se o meu *post* não se destacasse pelo conteúdo em si, então que se destacasse pelo design. E essa é uma característica muito marcante no meu perfil. Quando as pessoas veem o meu conteúdo na *timeline* delas, automaticamente associam, mesmo sem ver meu nome no *username*, que eu publiquei aquilo, porque tem a minha cara, o meu estilo.

Resumindo: primeiro você precisa ter um objetivo, depois ir atrás de uma estratégia para alcançar esse objetivo. Algumas estratégias para iniciantes são fortalecer a base de seguidores, criar uma personalidade para o seu conteúdo e buscar nele algo que o diferencie de seus concorrentes.

Agora, faça uma pausa e pense justamente nesses pontos que coloquei. Não tenha medo de quebrar um pouco a cabeça pensando nisso. Em seguida, vamos falar sobre as ferramentas que vão ajudar você a atingir o que deseja.

Ferramentas

Para colocar em prática os seus objetivos com as redes sociais, são necessárias ferramentas úteis para o seu propósito. Se a sua visão é o crescimento, então as ferramentas devem ter essa mesma finalidade.

Ao longo da minha jornada como criador de conteúdo, já criei mais de vinte perfis, e somando todos, passo dos 15 milhões de seguidores. E não se engane: eu não trabalho com um nicho só! Já tive Instagram sobre moda feminina, sobre mensagens do WhatsApp, sobre história em imagens e diversos outros assuntos. A questão não é sobre **O QUE** você cria, mas **COMO**.

Pensando nisso, vou mostrar algumas ferramentas que vão impulsionar o seu crescimento em qualquer rede social em que você esteja. Se você me acompanha no Instagram, sabe que a pimenta-malagueta é o símbolo que identifica a minha comunidade. Por isso, decidi sinalizar com pimentas cada uma das ferramentas que vou indicar, desde aquela que você pode usar com mais frequência até a que deve usar com mais atenção. Três pimentas indicam maior liberdade para usar e abusar da ferramenta indicada. Duas pimentas indicam que a ferramenta deve ser usada com um pouco mais de atenção. E, por fim, uma pimenta indica as ferramentas com que você deve ter atenção, analisando se realmente vale a pena usá-la para o seu tipo de público e perfil.

> **LEMBRE-SE**
> Você deve sempre testar, é só uma questão de cuidado.

A primeira ferramenta de todas se chama *funil* e envolve conteúdo. O funil é utilizado pelos grandes influenciadores e pelos vendedores que também produzem conteúdo. Os princípios dessa ferramenta estão atrelados ao formato de um funil, ou seja, a uma abertura larga que vai afunilando até chegar ao fundo. O ponto de partida do funil é atrair seguidores novos, passando pelo meio, que é reter esses seguidores, por fim chega-se ao fundo do funil, que é vender seu produto para os clientes que já passaram pelos dois estágios anteriores do funil.

🌶🌶🌶 Conteúdo de topo de funil

Você já ouviu falar de "conteúdo de funil"? Esse é o termo usado para definir o tipo de postagem que segue a lógica de atrair seguidores e transformá-los em clientes ou possíveis clientes. O funil comporta três tipos de conteúdo: topo, meio e fundo.

Cada parte do funil segue um propósito diferente na criação de uma comunidade de seguidores e de vendas do seu produto. Tudo começa com a captação de seguidores e se afunila até que o público esteja completamente imerso no seu conteúdo e preparado para comprar.

No topo do funil produzimos conteúdo de atração, ao qual costumo chamar de conteúdo raso ou leve, ou seja, aquele conteúdo que não exige do seguidor nenhum tipo de conhecimento prévio para que ele o entenda. Estamos falando de conteúdos compartilháveis, conteúdos que sugerem a marcação de amigos, fazendo com que outras pessoas comecem a perceber você.

Nessa fase, os visitantes descobrem que têm uma necessidade ou um problema a ser resolvido até então desconhecido. Essa é a etapa da consciência, despertada após entrarem em contato com a sua empresa. O seu papel é educá-los: ofereça conteúdos ricos, como infográficos e *e-books*, que podem ser acessados após o preenchimento de um formulário. Ao fornecer dados, como nome, e-mail e profissão, o visitante torna-se um *lead*, ou seja, um cliente em potencial, e avança no funil de vendas.

As redes sociais, especialmente as mais visuais, como o Instagram e o Facebook, estão repletas de usuários navegando sem nenhuma atenção, que não estão ali para consumir um conteúdo profundo demais. Elas querem consumir o óbvio. "Nossa, Hyeser, sério isso?" Seríssimo. Não é o meu melhor conteúdo que vai fazer a diferença e trazer a pessoa para perto, mas sim o conteúdo com o óbvio, porque o óbvio precisa ser dito. Pode até ser óbvio demais, mas você precisa dizer. Como diz um amigo meu: tem uma pessoa lá fora precisando do seu pior conteúdo. Um exemplo de *post* topo de funil é este aqui.

Viu como é uma informação simples e básica? Ela diz para o público que, para saber mais sobre aquele assunto, basta seguir o perfil que a publicou. Esse é o tipo de conteúdo que traz crescimento justamente por ser superficial. Aqui entram, por exemplo, curiosidades, dicas, *checklists*, memes, conteúdos que geram inspiração, comparações do tipo antes e depois, passo a passo, notícias, novidades e fofocas do seu nicho. O seu foco deve ser informar o público sobre algo que é novo, mas pode ser assimilado e entendido mesmo sem conhecimento prévio.

O meio do funil é aquele conteúdo que gera relacionamento e retenção, e é com ele que você vai agregar valor para pessoas que estão interessadas no seu conteúdo, serviço ou produto.

Agora que as pessoas já vieram até você pelo topo do funil, elas já têm conhecem um pouco mais sobre o assunto que você produz, então o objetivo daqui em diante é criar conteúdo que as qualifique e agregue valor para aquelas interessadas no seu conteúdo, produto ou serviço, como no exemplo que tirei do meu próprio Instagram.

Nessa parte do funil, os seguidores estão em busca de resolver suas necessidades, ainda que não saibam bem como fazer isso. Sua função é ajudá-los com dicas e técnicas e, principalmente, criar um relacionamento com eles. Longe de querer vender uma solução a qualquer custo, trabalhe para amadurecer e qualificar os seguidores, deixando-os prontos para ir mais fundo no funil de vendas. Aqui, você pode levar os seus seguidores a entender por que investir no seu produto é uma boa ideia e explicar como esse mesmo produto vai sanar a necessidade deles.

Se você trabalha com nutrição focada em pessoas com sobrepeso, por exemplo, um bom conteúdo de meio de funil seria explicar por que a sua linha de nutrição é importante e por que se consultar com um especialista como você é uma escolha inteligente – assim, você valoriza o seu trabalho e ajuda o *lead* a entender que vale a pena pagar pelo seu conteúdo.

Outro exemplo é o conteúdo que gera conexão ao mostrar algum tipo de relato pessoal, uma situação pela qual você tenha passado que pode ajudar seu seguidor, porque assim a pessoa vai se conectar e confiar em você. A confiança no conteúdo gera confiança para compra, e você ganha um possível cliente.

Já o fundo do funil é quando a pessoa sente que precisa do seu produto ou serviço, então você o oferece. Esse é o ponto de virada para atrair o cliente para a sua direção. Nessa etapa, o seguidor já confia em você a ponto de saber que o que você vende é necessário para ele.

Durante a divulgação deste livro, usei o meu Instagram para divulgar, criar expectativa e mostrar ao meu público por que comprar meu livro é *necessário*. E eu pergunto: por que você comprou este livro? O que atraiu você? Provavelmente você o comprou porque ofereci um conhecimento de que você precisa, não é? Fundo de funil!

Quero deixar um exercício para você: pense em alguns temas da sua área que se encaixam nessas partes do funil e tente adaptá-los. Pergunte ao seu público quais dúvidas ele pode ter sobre o seu nicho e responda seguindo esse esquema. No início, quando você talvez ainda não tenha suficiente interação suficiente com os seguidores para isso, aborde as dúvidas que você mesmo já teve acerca da sua área.

GUIA DE COMO USAR CADA FERRAMENTA NO INSTAGRAM

- **REELS** — GANHAR NOVOS SEGUIDORES
- **CARROSSEL** — AUMENTA O ALCANCE
- **STORY** — CRIAR CONEXÃO
- **IGTV** — CONSTRÓI AUTORIDADE
- **LIVE** — GERA CONEXÃO E AUTORIDADE

🌶🌶🌶 Conteúdo compartilhável

O conteúdo compartilhável, que às vezes pode ser de topo de funil, é essencial para a divulgação do seu perfil. Quando você compartilha um *post* com outra pessoa, está mostrando para o algoritmo da rede social que aquele conteúdo vale a pena, então ele também vai ser entregue para outras pessoas. Assim, seu perfil vai sendo conhecido por mais gente. Por isso esse tipo de postagem é tão importante, pois atrai novos seguidores.

Existem alguns tipos de conteúdo compartilhável em que você pode se aventurar: indireta, polêmica, provocação, desafio, motivação e inspiração. Cada um deles gera expectativa e sensação diferentes em quem está lendo a postagem, mas a característica em comum é que todos eles geram a vontade de *compartilhamento*.

INDIRETA: uma indireta não precisa ser exatamente direcionada a uma pessoa; você pode usar desse recurso para "atacar" algum aspecto negativo do seu nicho. No marketing digital, uma crítica constante é de influenciadores dizendo que ganharam muitos seguidores organicamente, mas, ao abrirmos a lista de seguidores, vemos várias contas falsas, o que denuncia uma possível compra de seguidores. Para atacar essa ação, que é uma falta de caráter no meio digital, nós podemos pensar em um *post* como este aqui:

> Falar de crescimento orgânico é fácil; me diz como você conquistou essas contas de seguidores falsos.

POLÊMICA: nem todo mundo se sente confortável expondo polêmicas, especialmente perfis menores, porque o seu público nem sempre segue a mesma linha de raciocínio que você. Mas em alguns casos, quando há uma polêmica forte no seu nicho e você sabe que se posicionar é necessário, então vale a pena, sim, usar desse artifício.

Ainda seguindo o esquema da compra de seguidores, imagine que tenha vazado na internet que um grande *influencer* comprava seguidores e isso trouxe à tona o tema "seguidores comprados para enganar os outros". Esse é um exemplo de assunto polêmico.

==Comprar seguidores é prejudicial para o seu perfil==

PROVOCAÇÃO OU DESAFIO: provocar não é sempre algo ruim. Você pode provocar seus seguidores a sair da inércia e começar um projeto novo, a tomar alguma decisão diante de uma encruzilhada importante, ou só provocar uma reflexão sobre um assunto que você aborda.

Vamos supor, no meu caso, um *post* de provocação que seguisse o meu nicho, o de marketing digital. A provocação que eu faria poderia estar relacionada a sair da zona de conforto dos *posts*, a postar mais e a parar de reclamar do algoritmo, por exemplo.

O desafio também pode vir junto com a provocação. Desafiar seus seguidores a fazer algo que é benéfico para eles também é benéfico para você, porque, se eles percebem que você sabe o que está falando, então a tendência é que permaneçam grudados em você, necessitando de mais dicas, mais conteúdo.

MOTIVAÇÃO: *posts* de motivação normalmente são mais aceitos no período da manhã, quando as pessoas estão mais animadas para encarar o dia, ou veem a motivação como uma razão para continuar lutando. Você pode usar esse espaço para motivar clientes ou profissionais do seu nicho, seja com uma frase motivacional ou um *post*.

Aqui no livro você já viu algumas motivações, não é? Quando eu disse que é melhor tentar e errar do que nem tentar, aquilo foi uma motivação. Você não só pode como deve motivar seus seguidores.

INSPIRAÇÃO: você já se perguntou por que *posts* que comemoram vitórias são mais compartilhados? Uma foto de um carro novo ou de um anúncio de gravidez, por exemplo.

Um exemplo perfeito disso se encaixa na própria plataforma do Instagram. No Brasil, o influenciador e comediante Whindersson Nunes anunciou a gravidez de sua namorada, Maria Lina. A publicação, feita em janeiro de 2021, ultrapassou 9,5 milhões de curtidas, tornando-se a publicação com mais curtidas no Instagram brasileiro em menos de 24 horas. E o público se apaixonou por aquilo, porque é inspirador, há um laço familiar ali, e isso chama a atenção das pessoas.

Então, como você já sabe, alguns tipos de postagem geram maior compartilhamento entre seguidores, e você pode colocá-las na sua grade de conteúdo. Apenas não se esqueça de fazer tudo com moderação.

Eu amo hambúrguer, poderia comer sempre. Minha boca fica cheia d'água só de pensar no sanduíche com batata. Mas você concorda comigo que, se eu comer hambúrguer todo dia, em algum momento vou enjoar? Pois é, isso também pode acontecer com seu conteúdo. Não seja tão repetitivo nos conteúdos que você posta; varie, porque assim as pessoas não vão enjoar do gostinho dos seus *posts*.

🌶🌶🌶 Inspire-se, mas não copie

Além de um conteúdo compartilhável, você precisa entender *onde* buscar inspiração. É importante saber qual é a sua concorrência, o tipo de conteúdo que mais está sendo consumido na sua área. Vamos supor que você trabalhe com moda feminina, entre nas principais páginas de moda das redes sociais e entenda o que está sendo mais consumido entre os clientes. São *posts* compartilháveis? São inspirações de *looks*? Qual estilo tem sido mais comprado? Que tipo de roupa os *influencers* têm usado? Você consegue fazer um gancho de conteúdo para chamar o seu público a partir dessas roupas?

Entenda algo: seguir as tendências não é perder a autenticidade, é uma abertura para trazer mais gente ao seu perfil! Você pode muito bem gostar de uma tendência hoje e ela não servir mais amanhã, então seguimos o mesmo processo novamente. E o melhor: com o tempo você passa a adiantar tendências e a entender como elas são formadas.

Só há uma forma de saber: *skin in the game*. Busque as tendências, aplique-as ao seu perfil com a sua cara, sem copiar dos outros perfis, por favor. Se um formato de conteúdo em alta são os *reels* do Instagram, por exemplo, busque adaptar o formato ao seu público-alvo, dando a sua cara às suas postagens.

Para saber quais são os perfis que guiam tendências no seu nicho, preste atenção àquelas páginas que são mais compartilhadas, basicamente as contas mais famosas e com mais engajamento. Com base nelas, você pode analisar o comportamento do público e achar bom conteúdo.

E como você pode entender o que é um bom conteúdo? Simples. Imagine que você é nutricionista e entrou no perfil de outra nutricionista voltada para o mesmo público que você. Nas últimas nove postagens, ela teve uma publicação que mostrou muito mais engajamento (comentários e likes), e a partir disso você sabe que aquele *post* foi validado pelo público. Então, se funciona no perfil dela, é um tipo de *post* que pode funcionar no seu também.

Eu costumo fazer esse tipo de *post* no meu perfil. Quando pego algo diretamente de outro influenciador, dou os créditos e fortaleço de onde veio o conteúdo, o que serve de divulgação para o outro perfil também.

ATENÇÃO! Tome cuidado com artistas que não permitem o *repost* de suas obras ou de seu trabalho. Você pode receber um processo e por justa causa. O ideal é mandar uma mensagem pedindo permissão antes de repostar, caso seja um *repost* direto.

É ótimo se inspirar em perfis que estão entregando conteúdo de qualidade, especialmente se você estiver começando seu perfil e precisa de um pouco de ajuda com o melhor tipo de conteúdo para ser postado.

🌶️🌶️ #Hashtags

Há quem diga que as *hashtags* não são boas aliadas, mas eu digo com toda a certeza do mundo que elas podem fazer uma grande diferença no alcance total da sua publicação. As *hashtags* vão levar o seu conteúdo a pessoas que ainda não conhecem você.

Mas não se engane: não é questão de sair colocando qualquer *hashtag* conhecida para todo lado, isso sim é ruim. Use *hashtags* da sua **ÁREA DE CONTEÚDO**, que **TENHAM RELAÇÃO COM O CONTEÚDO** que você vai publicar, e dê **PREFERÊNCIA ÀQUELAS QUE POSSUEM MENOS PUBLICAÇÕES** quando você estiver no início do seu perfil, assim há mais chances de as pessoas acharem seu *post* por essas *hashtags*.

Por exemplo, a *hashtag* #moda tem milhões de postagens, mas uma *hashtag* #modainfantil tem menos, e quem sabe uma #fantasiainfantil tenha menos ainda. Especialmente para você que está no começo, não é legal jogar seu *post* em uma *hashtag* com milhões de publicações, pois ela jamais vai chegar ao topo. Agora, se você usar uma *hashtag* menor e mais específica, as chances de atrair as pessoas do seu nicho são bem maiores.

Para analisar o seu posicionamento em uma *hashtag*, poste a sua publicação e analise a posição do seu *post* na *hashtag*. Aproveite também para ver o que tem sido postado naquele espaço e pense no que pode ser adaptado para o seu conteúdo.

E não se esqueça de usar as *hashtags* em português, porque é bem improvável que um estrangeiro veja o que você está postando, já que o idioma não é o mesmo, e, dependendo do seu produto, custa muito caro negociá-lo com outros países (especialmente se o seu produto depender dos Correios para ser entregue, por exemplo).

🌶️ *Publipost*

Outra opção viável é pagar pela divulgação do seu perfil. Algumas lojas fazem parcerias com influenciadores digitais ou outros perfis de divulgação para terem os seus negócios divulgados.

Essa é uma boa pedida, mas atente-se para algumas coisas. Busque pessoas que tenham relação com o que você quer divulgar. Se você fala sobre emagrecimento, não é um influenciador que fala sobre livros que vai trazer o público que você deseja, a não ser que ele esteja passando por um período de emagrecimento. O produto divulgado não é do nicho do influenciador, mas tem relação com algo que ele usa diariamente? Tem conexão direta com algo que ele usa e comenta com os seguidores? Você deve sempre pensar na relevância da pessoa com quem está negociando o *publipost*.

Não contrate um influenciador só por causa do número de seguidores. Peça o mídia *kit*, que é basicamente uma carta de introdução que informa o engajamento e o público-alvo daquele influenciador. Veja se ele está alinhado com o seu público, se as métricas de engajamento valem o valor que ele pede. Além disso, tenha clareza quanto ao motivo da parceria com aquele influenciador com base em três motivos:

➜ **CONVERSÃO:** aqui, você contratou um influenciador para que ele gere novas vendas. Geralmente, nesses casos, os influenciadores possuem mais de 2 mil seguidores. Uma observação importante: normalmente influenciadores com uma quantidade menor de seguidores convertem mais, pois são muito próximos da sua audiência, o que acaba gerando uma conexão muito grande.

➡️ **CONSCIÊNCIA:** nesse caso, você contratou um influenciador para que ele fale da sua marca e aumente o nível de consciência da audiência para o problema que você pode resolver. Geralmente envolve influenciadores que possuem mais de 50 mil seguidores, dependendo do tamanho do segmento.

➡️ **AUTORIDADE:** já aqui, você contratou um influenciador para aumentar o valor percebido da sua marca. Geralmente considera os influenciadores que são vistos como autoridades em seus segmentos e possuem muitos seguidores, e em alguns nichos esses números passam de 1 milhão.

🌶️🌶️🌶️ Todos os formatos são válidos

Use todos os formatos disponíveis nas plataformas que você puder. Digo isso baseado em uma ordem lógica. Pense comigo: o Instagram é uma das maiores redes sociais do mundo, por isso ele não precisa focar seus investimentos em trazer mais pessoas para a rede social, já que todo mundo conhece a plataforma, mas sim em manter os usuários o máximo de tempo possível. Quanto mais tempo você passa naquele espaço, mais dinheiro o Instagram ganha. Ou seja, manter você o dia inteiro naquela rede social é o objetivo, e perfis que servem a esse propósito são favorecidos pelo algoritmo do Instagram.

A ferramenta de vídeo *reels* foi criada pelo Instagram. Com vídeos de até sessenta segundos, os usuários desse recurso têm maior alcance do que por *posts* e *stories*. Isso acontece porque o *reels* era uma ferramenta nova que possuía alto grau de investimento monetário, pois o objetivo era concorrer com o TikTok, que estava em alta desde 2019 e corria o risco de "roubar a atenção" dos usuários que passavam boa parte do seu tempo consumindo conteúdos do Instagram.

Então a tendência é que o *reels* seja mais chamativo, para fazer o usuário consumir mais daquela ferramenta nova, passando mais tempo no Instagram do que no concorrente. E isso faz valer o investimento da empresa.

Se o Instagram investiu tanto dinheiro em uma ferramenta nova, é óbvio que eles esperam sucesso. Então a lógica é simples: favorecer os primeiros usuários que usam essa ferramenta fornecendo um alcance maior. Quanto mais pessoas visualizam, mais engajamento para a conta, que só vai querer postar mais ainda, então mais pessoas visualizam, e é um verdadeiro *loop*. Por isso, use todos os formatos possíveis de uma rede social para publicar seu conteúdo; eu garanto que vale a pena e vai aumentar o seu alcance.

🌶 Ladrão de holofotes

Você já entrou em uma postagem e os primeiros comentários tinham sempre as maiores curtidas? Isso é o que chamamos de "ladrão de holofote", e não é uma coisa ruim.

Vamos supor que um influenciador da mesma área que a minha, mas com muito mais seguidores, poste uma polêmica. Então eu comento algo concordando ou discordando, e meu comentário começa a receber curtidas. A tendência é que as pessoas entrem no meu perfil, então ganho mais seguidores, portanto aumento a minha comunidade.

Essa técnica pode ser usada de quatro maneiras diferentes:

→ **COMPLEMENTAR A INFORMAÇÃO DA POSTAGEM:** fazer um comentário que acrescente mais informações ao *post* feito pelo seu concorrente, de modo a contribuir para o sucesso da postagem.

→ **MOSTRAR OUTRO PONTO DE VISTA:** caso você não concorde com o conteúdo em questão, mostre isso por meio de um comentário. Mas não seja ríspido e muito menos procure ofender o seu concorrente, pois dessa maneira ele pode acabar apagando seu comentário e toda a estratégia vai falhar.

→ **CURIOSIDADE SOBRE O TEMA:** não se esqueça de salientar curiosidades sobre o conteúdo em que você está fazendo o comentário, o que pode também ser uma boa estratégia para fazer as pessoas quererem ir até o seu perfil.

→ **CORREÇÃO GENTIL E EDUCADA:** sabe quando o seu concorrente faz uma postagem que está com algum dado errado ou uma informação equivocada? Você pode corrigi-lo de forma educada, sem querer prejudicá-lo. Assim, você mostra domínio sobre o tema e rouba a atenção de algumas pessoas.

Essa tática é especialmente interessante para atrair pessoas que consomem um conteúdo parecido com o que você publica, então, caso decida usá-la, não se esqueça de ir atrás de perfis que realmente sigam a mesma linha de raciocínio que você.

🌶️🌶️ Comentar e dar like no seu público

Essa tática consiste em entrar no perfil dos usuários que são o público-alvo do seu conteúdo e dar like e comentar em alguns *posts*, assim o usuário entra no seu perfil e segue você.

Você pode encontrar esses seguidores pelas *hashtags* que você usa em seus *posts*, já que eles são consumidores do mesmo conteúdo que você oferece.

Essa é uma tática relativamente invasiva, e não são todos os usuários que aprovam esse comportamento. Portanto, é melhor ter cuidado com ela. Pode ser que funcione mais com influenciadores menores do que com perfis pessoais, portanto fique atento na hora de escolher o seu alvo de likes.

As ferramentas indicadas até agora são especiais quando falamos de crescimento exponencial. Agora você já tem o **MARCO ZERO**, o *mindset* para guiar todo o seu crescimento, e as **FERRAMENTAS** necessárias para isso.

Você já olhou para uma conta com muitos anos de casa e com muitos seguidores e pensou "essa pessoa é tão boa no que faz, nunca vou chegar nesse nível"? Ninguém chega ao topo sem enfrentar dificuldades. O que você vê exposto ali é, com muita certeza, resultado de anos de erros e melhorias que todos aqueles que trabalham com redes sociais precisam passar.

Antes de começar a sua conta, você precisa entender que vai haver dificuldades, mas que você pode ultrapassá-las e não está sozinho para descobrir **COMO FAZER ISSO**.

🌶️🌶️ As pedras do caminho

As redes sociais são espaço de descobrimento e entretenimento, e a jornada para se estabelecer como uma conta grande tem lá suas pedras no meio do caminho. Essas pedras vão servir de empecilho para o seu objetivo, podendo ser uma característica interna (como a timidez) ou uma característica externa (falta de espaço para tirar fotos ou internet ruim). O problema em falar "tal dificuldade vai acontecer com você" é que o que aconteceu comigo pode não acontecer com você!

A timidez foi uma pedra no meio do meu caminho. Ser jogador de futebol me traria fama nos campos, mas como eu daria uma entrevista a um repórter depois do jogo se só de pensar em estar diante das câmeras eu já ficava assustado? Como eu posso fazer uma live se minha voz não é boa? Como eu posso aparecer com o rosto em um *post* se não gosto da minha imagem? Essas questões internas são um problema para muitas pessoas, que se comparam constantemente com o "modelo ideal" das redes sociais.

Não vou mentir, no início foi complicado. Aparecer em lives era difícil, eu ficava suado, não conseguia ler os comentários e falar ao mesmo tempo. Mas fui tratando isso de algumas formas: comecei a aparecer nos *stories* aos poucos, desativei os comentários só para eu não me perder e ficar ainda mais nervoso.

Hoje em dia, faço lives em um perfil com mais de 1 milhão seguidores e me saio muito bem! Mas isso não foi do dia para a noite, não mesmo. É o que eu digo: se eu consegui, você também consegue. Você só precisa de tempo, paciência e prática.

Gostaria de deixar um exercício para você: anote seus principais medos e dificuldades quando o assunto é rede social. Pense em formas de treinar aos poucos o jeito de lidar com elas, e então coloque em prática imediatamente.

Se você sente vergonha de aparecer nos *stories*, comece com um exercício de uma semana mostrando apenas a sua voz narrando algo, então passe para uma foto sua e veja se você se sente mais confortável. Tenha paciência consigo mesmo e erre, mas erre rápido. Não deixe para tratar suas dificuldades quando estiver no topo!

E, agora que já sabe como começar a sua marca do zero e já conhece o *mindset* e algumas ferramentas para auxiliar você, podemos seguir em frente e falar sobre um dos aspectos mais importantes da construção do seu perfil, a fim de colocar em prática as ferramentas que estudamos neste capítulo: o comportamento dos usuários nas redes sociais.

MÉTRICAS

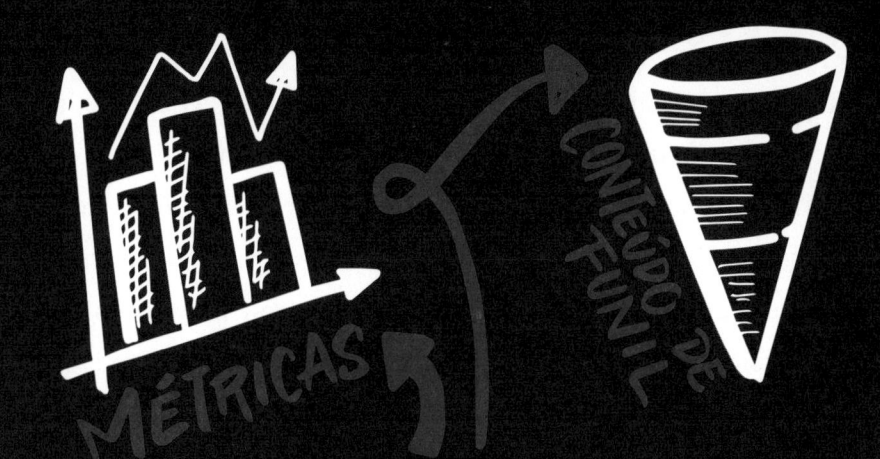

CONTEÚDO DE FUNIL

COMPORTAMENTO DO USUÁRIO NAS REDES SOCIAIS

PÚBLICO-ALVO

PERSONA

Todo usuário nas redes sociais é um possível cliente, mas nem todo usuário efetivamente se torna um cliente seu. E por que isso acontece? Porque usuários se comportam de maneiras diferentes em uma rede social, e você, enquanto criador de conteúdo ou vendedor, é quem deve atrair para o seu perfil possíveis clientes para então convertê-los em clientes efetivos.

Ou seja, o que diferencia um não comprador de um comprador é a postura de quem produz conteúdo. E, para entender melhor como as redes sociais funcionam e como você pode direcionar melhor seu conteúdo para vendas, vamos aprender um pouco sobre métricas, público-alvo e persona.

MÉTRICAS

Cada rede social está em um estágio, algumas estão há mais tempo no mercado e outras há menos. Apesar das diferenças, todas as redes sociais buscam um fator em comum: o tempo do usuário.

Quanto mais tempo um usuário passa em uma rede social, melhor. Isso significa que se você, enquanto produtor de conteúdo, produzir conteúdo que faça com que o usuário fique mais tempo naquele aplicativo, então vai ser visto com bons olhos pelo algoritmo, que vai espalhar seu conteúdo para mais pessoas só pra recompensar você.

E as métricas são justamente essas ações que revelam a relação do público com o que você posta. Por exemplo, curtidas são métricas, porque alguém precisa parar e curtir o seu *post*. Porém, apesar de ser uma métrica, a curtida não é a mais importante de todas. Por quê? Você já entrou em alguma rede social e deslizou o dedo pela tela, curtiu alguns *posts*, sem sequer parar para ler? Pois é, se você não passou tempo naquele *post*, a rede social vê aquilo como menos importante.

Agora, vamos supor que você tenha entrado no *post*, lido, curtido e comentado. Os comentários demoram mais tempo para ser feitos do que as curtidas, então a rede social já acende uma luzinha: "Interessante, alguém comentou aqui".

Quando o conteúdo é compartilhado, você, em tese, mostra para aquela rede social que está chamando outra pessoa para passar mais tempo ali com você, e isso é especialmente vantajoso para qualquer rede social, então aquele conteúdo é mostrado para mais pessoas compartilharem com outras, criando um fluxo de compartilhamento.

Salvar um *post* mostra que você quer voltar ali, que o conteúdo é *tão* relevante a ponto de você saber que é necessário vê-lo de novo. Essa métrica foi criada com o intuito de fazer você, usuário, passar mais tempo naquela rede social.

Métricas no geral são pensadas em compartilhamento externo, porque trazem novas pessoas (como compartilhar), e interno, porque faz com que as pessoas passem mais tempo ali (curtir, comentar e salvar).

E por que as redes sociais querem que você passe mais tempo mexendo nelas? Porque, quanto mais tempo você passa em uma rede social, maiores as chances de se deparar com um anúncio, com algum conteúdo de venda.

Imagine que no dia a dia você assiste a muitos vídeos de maquiagem no Instagram. Só que você só mexe no Instagram por uma hora durante o dia inteiro. Se você só usa o Instagram uma hora por dia, sendo que um dia todo tem 24 horas, isso não é vantajoso, porque o período para mostrar anúncios a você é muito pequeno. Então o objetivo daquela rede social é sempre entregar conteúdos que possam manter você ali por mais tempo, facilitando, portanto, o acesso a anúncios que façam você comprar algum produto.

Você sabe qual é o tipo de conteúdo que vai manter o seu seguidor no seu perfil por mais tempo? Uma dica: nós falamos sobre ele no capítulo anterior! Se você respondeu conteúdo de funil, é ele mesmo, e falaremos um pouco mais sobre ele a seguir.

CONTEÚDO DE FUNIL

Como vimos no capítulo "Marco zero", o conteúdo de funil é o que vai trazer vendas para você. Em vez de focar exatamente *quem é* o seu público, o conteúdo de funil ajuda a entender *em que* estágio de compra ele está.

Como você já sabe, o funil começa com conteúdos compartilháveis, passando para um conteúdo mais denso e de relacionamento e finalizando na conversão em venda. O objetivo é levar o seu público sempre para a parte mais funda do funil, e, quando chegar a hora de falar das vendas, é importante saber quem são a sua persona e o seu público-alvo, como veremos a seguir, e dessa forma você vai conseguir determinar quais são os melhores gatilhos e quais produtos satisfazem melhor a necessidade do seu cliente.

Quando o cliente sabe que ele tem pouco conhecimento, a tendência é buscar entender melhor (topo de funil), para então se conectar com você e se especializar ainda mais (meio de funil) e, por fim, comprar o seu produto, porque ele percebe que precisa daquilo para si (fundo de funil).

E como você, vendedor e produtor de conteúdo, consegue direcionar seu conteúdo para um público mais específico, aumentando a possibilidade de venda e crescimento? A partir do público-alvo e da persona!

PÚBLICO-ALVO E PERSONA

Você já percebeu que muito do que consumimos on-line são coisas das quais gostamos? Se você não gosta de *rock*, por exemplo, é difícil que siga vários perfis falando sobre esse gênero musical, já que você não é o público-alvo dessas páginas.

O conteúdo que você produz precisa ter um alvo, e a realidade é que você vai ter um público mais específico mesmo sem querer. Vamos supor que o seu perfil seja sobre exercícios físicos para pessoas com escoliose; é difícil que uma pessoa que não gosta de exercícios físicos nem tenha escoliose siga você. Ela não faz parte do seu público-alvo.

Só de passar os olhos, sabemos qual o *tema* do perfil e que o público-alvo dele vai ser puxado *por causa* do conteúdo publicado. Pessoas com escoliose que precisam fazer exercícios físicos são mais atraídas para esse perfil. O público-alvo e a persona são justamente uma forma de mapear quem são as pessoas que seguem você por causa do seu conteúdo, mas há diferenças entre eles, como veremos a seguir.

Público-alvo

Antes de tudo, precisamos entender que público-alvo e persona são a mesma coisa. A diferença é que a persona está dentro do público-alvo, portanto é mais específica, enquanto o público-alvo é mais genérico.

As redes sociais costumam ter um espaço em que você consegue ver o perfil das pessoas que seguem você: ele descreve a faixa etária, o gênero, a localização geográfica por estado ou país. Essas informações mais gerais são o que chamamos de público-alvo.

==Para ver essas informações na sua rede social de preferência, vá às configurações e confira os relatórios. Cada rede funciona de uma forma, mas uma pesquisa rápida no Google e nas configurações do aplicativo vai ajudar você nisso.==

Vamos usar uma análise de perfil real. A pessoa em questão fala sobre livros de romance e fantasia no Instagram, e esta é a análise de público-alvo dela.

PRINCIPAIS LOCALIZAÇÕES

CIDADE | PAÍS

- SÃO PAULO — 14,0%
- RIO DE JANEIRO — 5,8%
- FORTALEZA — 2,7%
- SALVADOR — 1,9%
- BELO HORIZONTE — 1,7%

FAIXA ETÁRIA

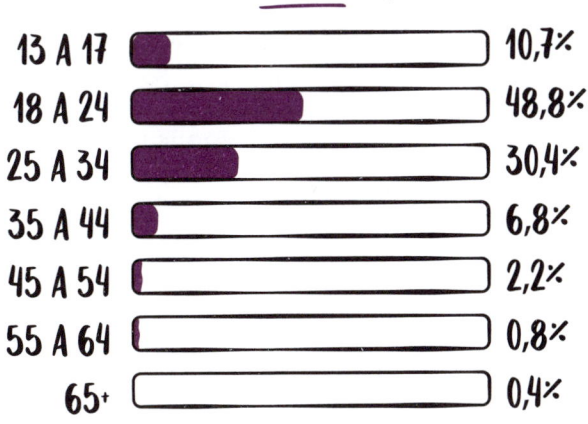

TODOS | HOMENS | MULHERES

- 13 A 17 — 10,7%
- 18 A 24 — 48,8%
- 25 A 34 — 30,4%
- 35 A 44 — 6,8%
- 45 A 54 — 2,2%
- 55 A 64 — 0,8%
- 65+ — 0,4%

GÊNERO

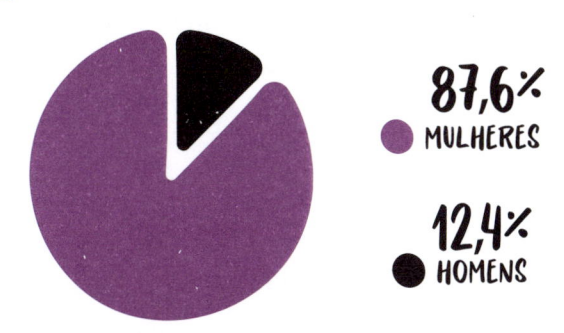

- 87,6% MULHERES
- 12,4% HOMENS

COMPORTAMENTO DO USUÁRIO NAS REDES SOCIAIS

A partir dessa análise você consegue perceber que o público-alvo é algo muito mais geral? Há um direcionamento sobre questões como gênero ou idade, mas não sobre o perfil das pessoas que seguem você com essas características. O que nós sabemos a partir dessa análise é que o público-alvo desse perfil consiste de pessoas de 18 a 24 anos, em sua maioria composto por mulheres que moram em São Paulo.

Por que é importante saber disso? Porque as recomendações, as indicações, as parcerias e os direcionamentos de anúncios em vendas podem ser voltados para locais mais próximos do público--alvo e para idades mais parecidas.

Você precisa ter um público mais específico com quem conversar, porque, na internet, se você tenta falar com todo mundo, não fala com ninguém. A partir dessa análise, a dona desse perfil sabe que falar sobre livros mais voltados para essas idades é um investimento mais seguro, então consegue guiar a produção do seu conteúdo nessa direção.

Então, o que deve estar em uma análise de público-alvo básica? Informações demográficas (gênero, idade) e geográficas (cidade).

Você percebeu que essas são características mais gerais? Como a dona desse perfil de livros pode afunilar ainda mais e entender quem é o público ainda mais específico dela? O público-alvo é um dos passos para identificar a persona. Se boa parte do seu público está localizada em São Paulo e é classe média alta, então você precisa adaptar o seu conteúdo para uma linguagem que esse tipo de pessoa usa. E, para afunilar ainda mais o seu conteúdo e suas estratégias, o ideal é conhecer bem a sua persona.

Persona

Como já vimos, a persona está dentro do público-alvo. Se na análise nós sabemos que a maioria das pessoas que seguem esse perfil de livros tem entre 18 e 24 anos, então é provável que a persona esteja entre essas idades. Se a maioria é de mulheres, então a persona é mulher. Se boa parte dos seguidores vive em São Paulo, então a persona é paulista ou paulistana. A partir dessa análise, podemos dizer que a persona desse perfil literário é uma mulher de 20 anos que gosta de livros de romance e fantasia, vive em um centro urbano maior e está disposta a comprar livros.

Agora vamos entender a linha de raciocínio dessa análise final:

1. **A MAIOR PARTE DOS SEGUIDORES É MULHER**, então a persona é mulher.
2. **A MAIOR PARTE DOS SEGUIDORES VIVE EM SÃO PAULO E NO EIXO SUDESTE DO BRASIL,** ou seja, em centros mais urbanos, com fácil acesso a compras on-line (por chegarem mais rapidamente) e a livrarias.
3. **A DONA DO PERFIL FALA DE LIVROS DE ROMANCE E FANTASIA,** então a persona que consome seu conteúdo é quem gosta desse tipo de literatura.
4. A partir da classificação indicativa dos livros abordados pelo perfil literário e da análise de quem comenta e responde seus *posts*, **A MARGEM DE IDADE É VINTE ANOS.**

Para montar a persona, as perguntas são as mesmas do público-alvo, mas, em vez de serem mais amplas, são mais específicas.

Se no público-alvo a faixa etária é entre 18 e 24 anos, na persona você define mais ainda a idade, a profissão, o local onde mora e os interesses.

Deixa eu dar mais uma mãozinha pra você: pode ser que você seja a própria persona do seu perfil. Você pode ser o exato estilo de pessoa para quem o seu conteúdo e as suas vendas são direcionados. No caso da dona do perfil literário, ela é alguém que gosta de ler, tem por volta de vinte anos e mora em São Paulo. Isso significa que ela é a própria persona.

Persona transformada é a persona do seu perfil que já é consumidora do seu produto. Se você consome o seu próprio produto ou serviço, então já é uma persona transformada.

Essa análise pode ajudar você a definir quais conteúdos devem ser postados, quais são os ganchos de venda também. Por exemplo, se você é a própria persona do seu perfil, então pergunte-se: "O que eu gostaria de comprar?", ou "Que tipo de anúncio faz com que eu queira entrar no site para comprar?". Esse tipo de pergunta e introspecção pode ajudar e muito na hora de direcionar seu conteúdo.

Outra ferramenta importante é o mapa da empatia. Este mapa vai ajudar você a entender o tipo de conteúdo pelo qual seu seguidor se interessa. Observe a seguir.

O QUE ELE PENSA E SENTE?

O QUE ELE ESCUTA?

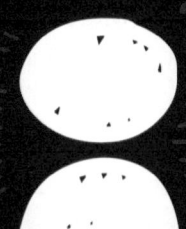

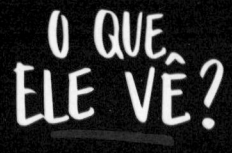

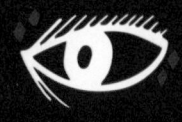

O QUE ELE VÊ?

O QUE ELE FALA E FAZ?

Quando você consegue mapear essas análises, está mais perto de conseguir produzir conteúdo que atraia essa exata persona para o seu perfil.

E como você pode descobrir essas informações? Especulando ou produzindo conteúdo. Pergunte aos seus seguidores o que eles gostam de ouvir, faça algum *post* falando sobre um filme que você ama e esteja relacionado com o produto que você vende, observe o retorno das pessoas com relação a isso.

E um macete ainda mais interessante, caso você já tenha vendido algo antes, você pode se perguntar: "Que tipo de cliente é o meu favorito?". Para que tipo de cliente você gosta de vender? Com quem você gosta de interagir? A partir dessas perguntas, você pode produzir um conteúdo mais voltado para esse tipo de pessoa, para essa *persona*.

==Depois de estabelecer essas informações mais específicas, você pode ir ainda mais longe e dar um nome para essa persona. Algumas pessoas chamam a persona de *avatar*, porque você precisa criar uma pessoa imaginária e direcionar seu conteúdo para ela.==

No caso da produtora de conteúdo literário, podemos montar a persona dela desta forma:

PERSONA
CLIENTE IDEAL

- QUAIS SEUS MEDOS
- QUAIS SEUS SONHOS
- COMO ELA PENSA
- SALÁRIO, IDADE, ESTILO, LOCAIS PREFERIDOS
- EM QUE FASE DA VIDA ELA ESTÁ
- O QUE A INSPIRA, SEUS HOBBIES
- DE QUAIS REDES SOCIAIS ELA MAIS GOSTA
- COMO VOCÊ PODE AJUDÁ-LA

Esse exemplo é o auge da especificidade da persona, porque você para de falar com várias pessoas e se direciona a uma só, a Jaqueline, que tem vinte anos, gosta muito de ler livros de romance e de fantasia, tem uma estante em casa, quer novas indicações de livros que fujam do senso comum, consome mimos literários como marca-páginas e velas temáticas, mora em São Paulo e faz faculdade na área de Humanas.

Esse perfil social foi traçado com base em uma análise dos seguidores, de quem interage na página. Você pode descobrir isso por meio da interação com seus seguidores, às vezes até entrando no perfil dessas pessoas e vendo quem elas seguem e com que tipo de conteúdo interagem.

Quem está no início da jornada no mundo das redes sociais pode até achar que definir a persona dificulta o processo de conteúdo, porque sente que, ao definir um único cliente, vai se limitar, mas isso não é verdade.

Se você não tem uma pessoa específica em mente, isso significa que você fala de maneira generalizada, e essa generalização impede que as pessoas se identifiquem. Redes sociais são relações íntimas. É justamente você falando com alguém do outro lado da tela. Quem produz conteúdo fala no plural e se dirige a muita gente, e o mais importante é fazer com que o seu seguidor se sinta único e se conecte com você em um nível mais íntimo. A persona é importante porque você pode falar diretamente com quem está do outro lado da telinha como se fossem próximos, assim você atinge várias pessoas de forma individual.

REDES SOCIAIS SÃO relações íntimas

Se você falar com a Jaqueline, vai atingir a Joana e a Roberta por tabela. A Joana pode não morar em São Paulo, mas gosta do mesmo tipo de livro que o perfil produz. A Roberta, por outro lado, não gosta muito de romance, mas adora as indicações de fantasia, e ela, assim como a Jaqueline, adora velas temáticas. Essas três pessoas podem não ter tudo em comum, mas têm como denominador comum o conteúdo que aquele perfil produz. A partir desse conteúdo, é possível converter as três em venda, e é nesse ponto que relembramos o nosso conteúdo de funil.

A partir deste capítulo, nós entendemos que as métricas de uma rede social revelam o tempo que um usuário passa ali e que o objetivo da produção de conteúdo é sempre manter o usuário mais tempo naquela rede social. Logo, se você produz conteúdo de valor, o seguidor vai passar mais tempo no seu perfil, e com isso o algoritmo vai reconhecer o seu conteúdo como relevante e, portanto, vai entregá-lo para mais pessoas.

Além disso, agora você já sabe da importância do conteúdo de funil para as suas vendas e que o seu público-alvo e a sua persona vão ser os responsáveis por direcionar a sua produção de conteúdo, a linguagem que você usa e os gatilhos de compra que você pode usar.

Porém não é só isso. Agora que você sabe *com quem* está falando, está na hora de saber *como* falar com o seu público, a fim de que a sua marca passe exatamente a mensagem que você deseja.

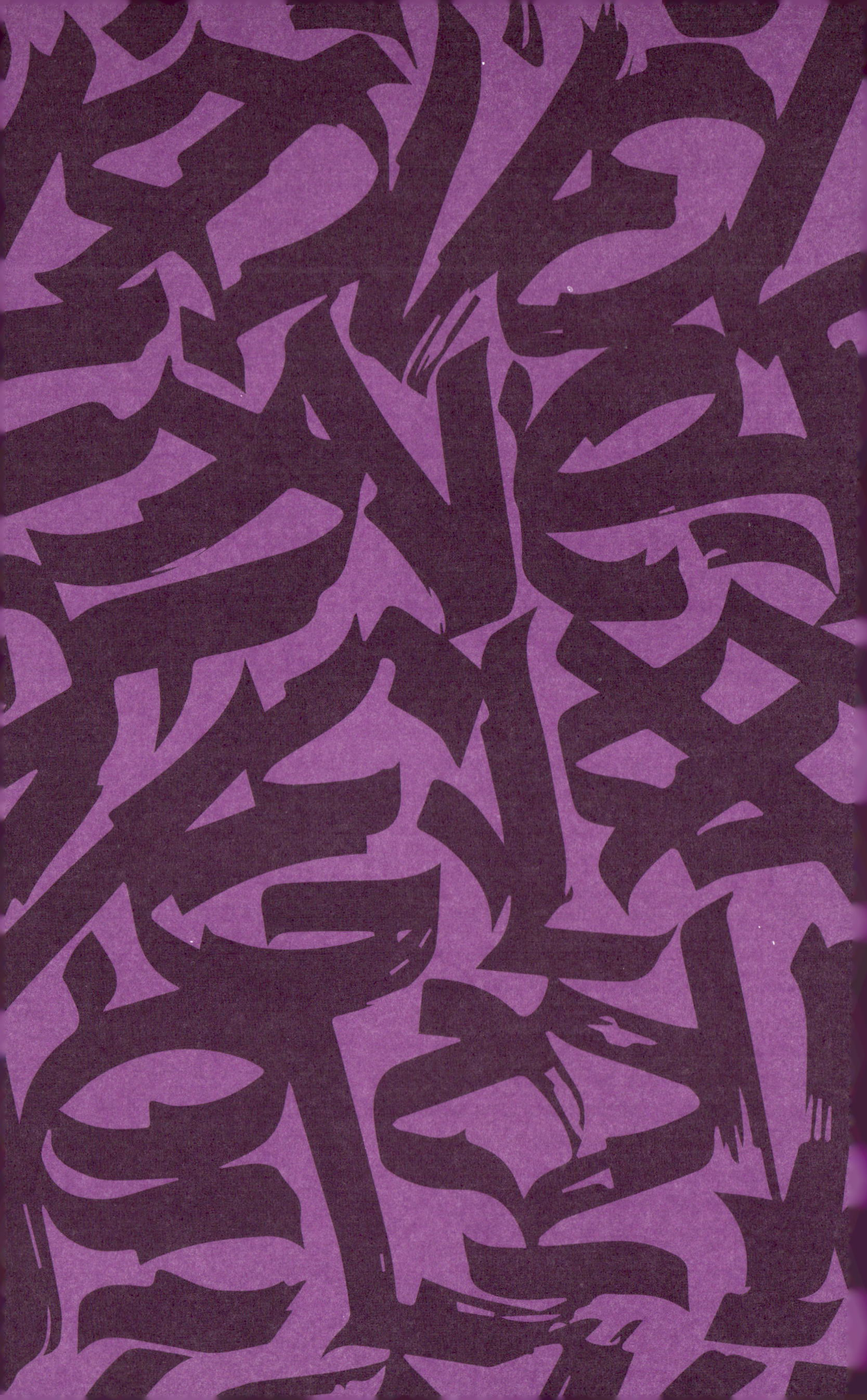

DESCOBRINDO A TEMÁTICA DO SEU PERFIL

- NICHO
- CRIAÇÃO DE CONTEÚDO
- LINHA EDITORIAL
- ISSO AJUDA O MUNDO?
- O QUE VOCÊ AMA FAZER?
- IKIGAI

Quando comecei as minhas redes sociais, não tinha noção de que eu poderia ter vários perfis com temáticas e objetivos diferentes. Hoje em dia, tenho perfis que são *completamente* diferentes uns dos outros. Por exemplo, o meu perfil principal, o @HYESERS, é unicamente voltado para marketing digital. Mas eu também tenho um perfil chamado História em Imagens (@historiaemimagens), no qual não há textos, apenas fotos históricas. Dois temas diferentes, como você pode perceber.

A questão principal, porém, é que cada perfil tem sua própria linha de raciocínio e seu próprio tema, e permaneço fiel ao que cada um deles propõe para seus seguidores. É provável que quem me segue no História não tenha tanto interesse no Hyesers, então eu evito misturar os assuntos. Isso só é possível porque tenho muito claro em minha cabeça qual é o tema de cada perfil.

E, para que você defina o seu tema, vou ajudar com alguns passos que podem guiar você a decidir sobre esta grande pergunta: sobre o que posso falar nas redes sociais? A primeira resposta, obviamente, começa no conteúdo.

CRIAÇÃO DE CONTEÚDO

É preciso criar conteúdo para entender o que se quer continuar produzindo. Nós já falamos várias vezes sobre a importância de produzir bastante conteúdo, assim você consegue identificar mais rapidamente o que gosta de falar, para então decidir a temática do seu conteúdo.

Você já deve ter conhecido alguém muito experiente em um assunto que fala sobre sua área de expertise com muita autoridade, certo? Mas nada adianta na internet ter *tanto* conhecimento se não o transformar em algo "mastigável" para pessoas que não têm o mesmo conhecimento que você. Por isso digo que seu pior conteúdo pode ser o melhor para alguém. As pessoas querem ler o óbvio, e o óbvio para você pode não ser óbvio para outras pessoas. E é aqui que entra a chave da criação de conteúdo: não adianta nada ter conhecimento e não saber transformá-lo em algo que sua audiência possa aplicar.

Quando produzir conteúdo, busque sempre maneiras de traduzir o seu conhecimento mais profundo para algo mais simples que atice a curiosidade de quem segue você. Vá atrás de sua própria metodologia, entenda o que funcionou para você, mas aplique de maneira que possa ajudar todo e qualquer seguidor que buscar a sua ajuda, independentemente do nível de conhecimento ou dos fatores socioeconômicos.

Por exemplo, você pode ser um nutricionista que quer ir às redes sociais para buscar novos clientes e ampliar seus horizontes profissionais. Ótimo. Agora você começa a produzir conteúdo sobre a sua área, mas então percebe que mesmo dentro da nutrição há algumas áreas específicas que são mais atrativas para você – como a nutrição para crianças, por exemplo. Esse é o tema sobre o qual você escolheu falar no seu perfil, e a esse tema chamamos nicho.

NICHO

Você já deve ter ouvido falar sobre nicho no contexto das redes sociais, não é? Sendo bem direto, podemos chamar o nicho de assunto ou tema: existem grandes nichos como finanças, beleza, moda e marketing. São nichos porque são áreas mais abrangentes que falam sobre esses assuntos. Se você é um médico esteticista, está no nicho de estética. Se faz vídeos ensinando receitas, está no nicho de alimentação.

Quanto mais pessoas estiverem envolvidas com seu nicho, mais elevado vai ser o nível de consciência do público em geral.

É provável que as vendas aconteçam de uma maneira mais fácil quando as pessoas estiverem mais conscientes em relação ao nicho. É como um joguinho de *pinball*: a mesa é seu nicho, a bolinha é a visibilidade e os obstáculos são todas as pessoas envolvidas. Quanto mais a bolinha bate nos obstáculos, mais pontos ela acumula – ou seja, quanto mais a visibilidade vai atingindo as pessoas, mais importante fica seu nicho. Resumindo: quanto maior for o nicho, melhor.

Só que, para alcançar o sucesso, você precisa fazer a diferença, e há dois caminhos para isso: ser você, ter seus valores, verdades e crenças muito bem definidos, para que isso seja um potencial elemento de conexão na sua comunicação; e o "tempo". O principal ativo das pessoas que estão começando é o tempo: ter tempo para dar a uma pessoa que precisa do seu serviço é um fator importantíssimo. Pode haver vários profissionais em um nicho, mas a pessoa que disponibiliza mais tempo para doar ao cliente é mais valorizada, porque há maior espaço para contato, aproximação e construção de confiança. Portanto, tente investir no tempo de qualidade com os clientes ao seu redor.

Quando eu era mais novo, comecei a criar alguns perfis de entretenimento no Instagram e percebi que tinha facilidade em entender o que pessoas com mais influência e seguidores que eu faziam para alcançar resultados, então consegui aprimorar as técnicas de crescimento delas e adaptei para minhas próprias páginas. Eu entendi que era bom naquilo, continuei a me aprimorar, e então outras páginas perceberam que eu também era bom em técnicas de crescimento, portanto começaram a me chamar para administrar suas contas. Foi assim que eu defini meu nicho, o de marketing digital, porque era algo em que eu era bom, gostava de fazer e ainda podia ganhar dinheiro com aquilo. Decidi meu nicho com base no que eu amava e no que poderia gerar renda.

E como você pode decidir seu nicho, os temas sobre os quais você quer falar no seu perfil? Temos um forte aliado, mas nunca vejo as pessoas falarem sobre ele: o *ikigai*.

IKIGAI

Você tem uma razão para viver? Algo que faça você levantar da cama de manhã e pensar "é, eu vivo por esse motivo"? O *ikigai* é um conceito japonês que significa "razão para viver". Todos nós possuímos um *ikigai* que forma uma mandala composta por quatro pontos-chave: no que você é bom, do que você gosta, o que é bom para o mundo e o que lhe dá retorno financeiro. Esses pontos mostram a sua razão para viver ou fazer algo.

Nas redes sociais, usamos esse conceito para avaliar se o que você está produzindo e criando segue uma ordem lógica equilibrada. O *ikigai* valida o seu nicho, apontando se ele está correto ou não.

Por exemplo, vamos supor que eu fale do meu segmento para pessoas que gostam de comer carne de sapo, mas esse é um nicho extremamente segmentado, e eu nem sei se as pessoas realmente gostam desse tipo de culinária. Esse é um nicho tão específico que pode não haver demanda suficiente. Você é especialista nisso, mas faz sentido falar desse assunto se não há demanda? Ou seja, o *ikigai* ajuda a entender se há procura e demanda pelo que você está oferecendo.

> Você pode ir e voltar no *ikigai*, não é algo para fazer uma vez na vida. Pode usá-lo para achar seu nicho, o que é um ponto de partida para sua marca. Mas, depois que você já escolheu um nicho, volte ao *ikigai* para validá-lo e ver se ele ainda faz sentido para você.

Ainda está um pouco confuso? Então vamos ver na prática o que é o *ikigai* e como você pode aplicá-lo como guia da sua marca.

Nós podemos representar o *ikigai* pelo esquema ao lado. Ele é dividido entre o que são, no seu caso: missão, paixão, talento e profissão. Esses quatro conceitos giram ao redor do que você ama fazer, do que você é bom em fazer, do que é bom para o mundo e do que você é pago para fazer. A partir das perguntas que faremos adiante, você pode decidir a linha que sua marca pode seguir, sempre focando o equilíbrio.

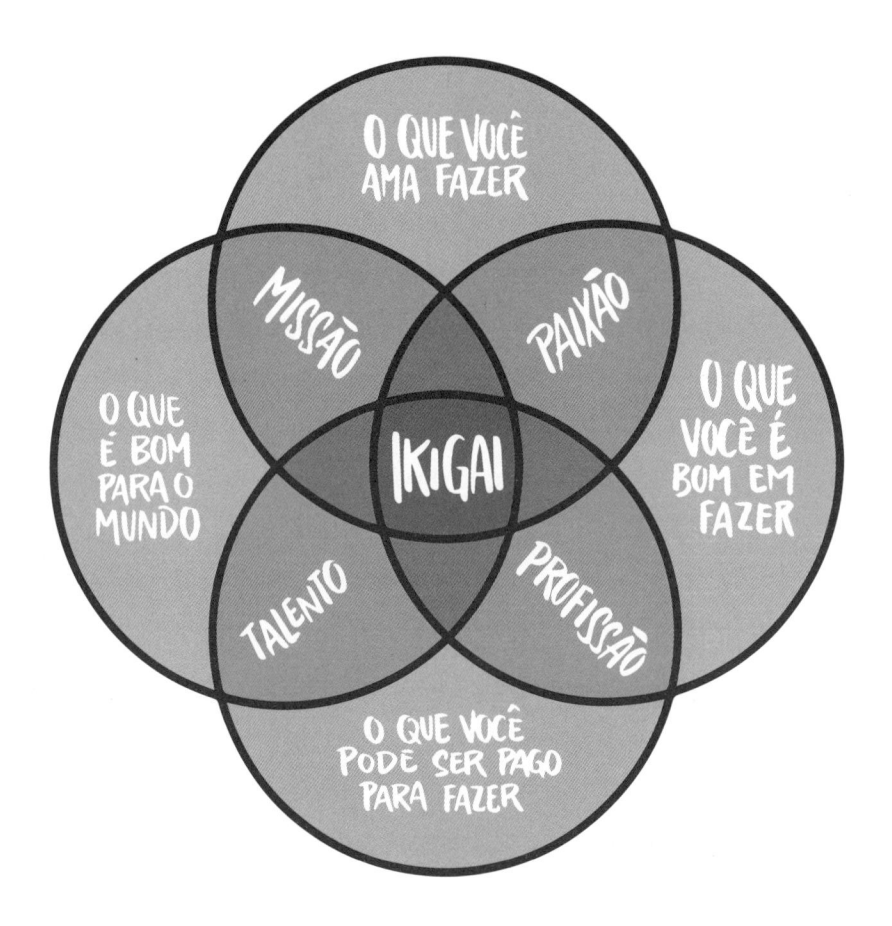

O que você é bom em fazer?

No que você é bom? Geralmente essa pergunta é respondida com base nas pessoas ao seu redor. Por exemplo, sempre me pediam conselhos sobre o que postar nas redes sociais, quais eram os melhores aplicativos para fazer um tipo de *post* e tudo o mais relacionado a comportamento on-line. Isso sempre foi um indício para mim de que eu era bom naquilo, porque as pessoas me viam como referência em um assunto que não dominavam, mas eu sim.

Outro indício de que você é bom em algo é a relação desproporcional entre o esforço que você faz e o resultado desse esforço. Pense no Messi e no Cristiano Ronaldo, os jogadores de futebol. O Messi é obviamente alguém que nasceu para jogar bola: mesmo que ele se esforce pouco, o resultado é de alto nível. Já o Cristiano Ronaldo, apesar de não ter nascido com o mesmo talento natural que o Messi, se esforça o tempo todo e alcança ótimos resultados, o que fica claro todo ano na disputa acirrada entre os dois pelo título de melhor jogador de futebol do mundo. No seu negócio você pode ser tanto Messi, bom naquilo por natureza, como Cristiano Ronaldo, fruto de um intenso aprimoramento. O resultado dos dois é ótimo, mas vamos combinar que descobrir que você é um Messi é muito melhor, não é?

Você já notou se as pessoas próximas pedem a sua ajuda em algo em que você é reconhecidamente bom? Vamos supor que um amigo peça dicas de organização ou então de receitas porque sabe que você é bom nisso. As pessoas atribuem a você autoridade sobre um assunto. Esse amigo não precisa saber que você é bom especificamente em organização, mas ele sabe que em um assunto mais geral de organização você tem boas referências e vive na prática uma vida organizada, então ele pergunta a você sobre isso.

Outra coisa para pensar: o que você performa muito rápido mesmo estudando por pouco tempo? Por exemplo, eu assisto a qualquer material sobre marketing digital, consigo absorver o conteúdo muito rápido e coloco em prática logo em seguida. Existe alguma área que seja assim para você?

Se você nunca parou para pensar nisso, peça ajuda às pessoas próximas do seu convívio. Pergunte a elas: "Se você precisasse me pedir ajuda com algum assunto, qual seria? Você acha que eu tenho certo domínio sobre esse assunto?".

O que dá dinheiro?

Você precisa ganhar dinheiro com o que você faz. Eu entendo que muitas pessoas não tenham a motivação do dinheiro no cerne para começar alguma coisa, mas todo mundo precisa comer no final do mês, não é?

Quando conversamos lá atrás sobre nichos, vimos que você pode ser muito bom em uma área, mas que talvez não haja demanda. Isso costuma acontecer quando o subnicho que você escolheu é *muito* específico, como, por exemplo, um subnicho de papelaria somente voltada para alfinetes. Pode ser que haja demanda, mas ela pode não ser suficiente para sustentar sua marca. É triste, mas, se não houver demanda, talvez você tenha de mudar de nicho. Nesse caso, pode expandir um pouco mais seu subnicho para englobar mais coisas da sua área – como alfinetes e marcadores de texto.

Isso, é claro, se você não criar a demanda, o que pede mais tempo, mais esforço e investimento. É difícil criar mercado, o trabalho e o esforço são maiores e podem não dar resultado. É um risco, mas até agora estamos investindo em riscos, não é mesmo?

O que você ama fazer?

Eu poderia passar horas falando sobre crescimento orgânico nas redes sociais. Amo o meu trabalho, amo o que faço. Simplesmente não me imagino fazendo qualquer outra coisa que não envolva mídias sociais. Há algum assunto pelo qual você se interesse a esse ponto?

Aquela tarefa que faz você perder a noção do tempo porque está em uma bolha só sua, tão interessado que tudo ao redor parece sumir?

Isso pode parecer romântico e utópico, mas fazer o que ama é extremamente necessário quando falamos de redes sociais. Essa é uma das partes mais importantes do *ikigai*, pensando no longo prazo.

Se você faz algo que ama no longo prazo, a tendência é que se esforce mais e coloque mais sangue naquilo.

> **LEMBRE-SE**
> O nosso objetivo é sempre manter seu perfil crescendo no futuro, e não promover um mero crescimento momentâneo.

Impérios não são construídos da noite para o dia, e impérios precisam de constância. Você não vai ser constante no que odeia fazer, essa é a realidade.

Então se faça a pergunta principal: o que você faria de graça e sem cobrar um centavo unicamente pelo prazer de fazer?

Isso ajuda o mundo?

Muita gente fala sobre fazer diferença no mundo. A geração do século 21 se importa muito mais em fazer a diferença e ser símbolo de mudança, como vemos refletido nas redes sociais, na política, na literatura. "Nossa, Hyeser, mas eu, com um perfil pequeno, posso ajudar o mundo?" A resposta é um grande e alto *sim*!

Quando falamos em ajudar o mundo, o pensamento pode tender para uma posição muito alta no governo ou ser um *influencer* muito

O MARKETING DIGITAL

AJUDA O MUNDO?

AJUDA

grande, mas a verdade é que ajudar o mundo começa em ajudar pessoas que simplesmente precisam de ajuda.

O marketing digital ajuda o mundo? Ajuda. Porque posso dar a chave, a bússola para que as pessoas sejam livres para alcançar seus objetivos de acordo com seus sonhos, tudo isso de maneira clara que as ajude a crescer em sua área de atuação. Isso muda o mundo, porque ajuda pessoas, liberta pessoas. Posso ajudar alguém que não quer ter loja, mas quer passar conhecimento adiante; posso facilitar a vida de um lojista que sempre quis ter sua própria marca, mas não sabe como ter presença digital. Isso faz toda a diferença.

Você precisa fazer algo que ajude as pessoas a serem melhores, porque elas querem sempre crescer e melhorar o tempo todo. Se você é um instrumento de transformação, a tendência é de que haja maior conexão entre você e o seu público.

O *ikigai* é um instrumento de reflexão, e você pode levar um tempinho para processar tudo, o que é normal. Você consegue enxergar cada vez mais a importância das redes sociais? Não é um trabalho qualquer, como alguns preconceituosos ainda podem dizer, mas demanda tempo, trabalho e comprometimento.

O resultado do *ikigai* é mostrar que:

➡ **PROFISSÃO:** é a mistura do que você é bom em fazer com o que dá dinheiro.

➡ **TALENTO:** é a mistura do que é bom para o mundo com o que dá dinheiro.

➡ **MISSÃO:** é a mistura do que é bom para o mundo com o que você ama fazer.

➡ **PAIXÃO:** é a mistura do que você ama fazer com o que você é bom em fazer.

É a partir dessas definições de profissão, talento, missão e paixão que você consegue raciocinar sobre o objetivo final da sua marca. Ela vai se concentrar em uma profissão? Em um talento? Em uma missão? Ou vai ser uma paixão?

Ao tratarmos das redes sociais como objeto de venda, profissão e talento, são os aspectos que mais saltam à vista. Se você quiser criar um negócio a partir das redes sociais, o ideal é focar suas especialidades que gerem retorno financeiro e que você seja bom em fazer, porque no longo prazo isso importa muito.

Uma vez que você começou a pensar para qual caminho sua marca precisa ir, entramos em uma parte muito importante que vai diferenciar você de muitos perfis por aí: como vou falar sobre o assunto que quero sem me perder? Para isso, conheça a sua linha editorial.

LINHA EDITORIAL

A linha editorial delimita o seu conteúdo; você precisa dela para não atirar para todos os lados, e ela ajuda a descobrir até onde você pode ir e qual é o seu limite de conteúdo.

Depois de definir o seu nicho, vem a linha editorial, que marca diferentes assuntos interessantes sobre a sua área. Por exemplo, você pode ser um produtor de conteúdo de marketing que fala sobre organização, porque faz sentido para você. Marketing e organização conversam? Sim, em alguns pontos. Agora, se o seu perfil é voltado para esses dois assuntos e repentinamente você começa a postar sobre animais e sapatos sem fazer qualquer conexão com a sua linha editorial principal, torna-se um problema.

A linha editorial é como uma cerca ao redor da grande fazenda que é a sua marca nas redes sociais. Tem muita gente por aí falando de marketing (nicho), mas o número de pessoas falando sobre marketing para terapeutas (subnicho) é bem menor. Definir quais assuntos você quer tratar na sua marca vai servir como um aviso toda vez que quiser publicar algo no seu perfil: será que consigo fazer esse conteúdo conversar com a minha linha editorial?

É um perigo sair da linha editorial, porque você pode ganhar seguidores que chegam ao seu perfil por causa daquele conteúdo que foge da linha escolhida, e então eles se frustram, porque o restante do seu perfil não segue aquela exceção. Esse seguidor não vai comprar o que você oferece.

Pense sempre antes de postar: isso faz sentido de acordo com a marca que quero construir? Se sim, então poste. Essa é uma forma de otimizar conteúdo e criar uma linha segura entre o que você quer publicar e que tipo de pessoa quer atrair para o seu perfil.

"Ah, Hyeser, se não for da minha linha editorial, não posso postar?" Pode, mas você precisa se atentar. Uma opção legal é trazer referências de outras áreas. Eu, por exemplo, falo sobre filmes com viés de marketing, sobre tênis com viés de marketing ou livros com viés de marketing. Falo sobre diversos assuntos, mas sempre faço o gancho para o objetivo final do meu perfil.

É sempre interessante trazer elementos cotidianos para o seu perfil, e uma ferramenta legal para esse fim são os *stories*, porque vão ficar disponíveis por um tempo e sumir em seguida. Esses elementos cotidianos ajudam a criar comunidade, conexão, mas não vão atrair novas pessoas de maneira errada para o seu perfil.

Quanto conteúdo vimos até agora, não é? Agora você já sabe que é preciso criar conteúdo de valor para que sinta para onde quer caminhar com o seu perfil. A partir disso, você define o seu **NICHO**, que é o tema, a área em que quer atuar. Depois disso, para avaliar se o seu nicho é válido ou não, usamos o *ikigai* para validar sua escolha ao perguntar: o seu perfil é uma profissão, um talento, uma missão ou uma paixão? Você faz o que ama? Algo que é bom para você e para o mundo? Isso traz dinheiro para você? A partir dessas perguntas, após validar seu nicho, vamos para a **LINHA EDITORIAL**, que é justamente estabelecer o limite do seu nicho e do seu conteúdo.

Agora que você sabe o conteúdo que deve postar, vamos falar sobre a estética do seu perfil; afinal de contas, um conteúdo bom sem uma boa apresentação não é apelativo ao público, não é mesmo? Então vamos descobrir a cara da sua marca.

QUAL É A CARA DA SUA MARCA?

- PERSONALIDADE
- IDENTIDADE VISUAL
- USANDO AS CORES A SEU FAVOR

Toda marca tem uma cara, algo que a destaque das outras – não estamos nem falando aqui sobre originalidade, mas sobre personalidade. Por exemplo, se eu te pedir para falar uma marca com vermelho e amarelo, você provavelmente vai pensar primeiro no McDonald's. As cores estão fixadas tão fortemente em nossa cabeça que é difícil pensar em outra coisa.

Essa demonstração de personalidade única é o que torna uma marca diferente da outra. Ainda seguindo o exemplo do McDonald's, você já percebeu o quanto é uma marca feliz? McLanche Feliz, o sorriso estampado nas embalagens, o próprio Ronald McDonald tem o sorriso vermelho. Além disso, não podemos esquecer que o amarelo remete a uma cor alegre, às batatas fritas, ao sentimento de saciedade quando você come um belo lanche do McDonald's. Humm, deu água na boca, não é? Isso porque essa marca de *fast-food* tem um esquema inteligente: usar as mesmas cores, símbolos e desenhos para remeter à empresa, assim é quase impossível ver um sorriso e as cores vermelha e amarela sem pensar no McDonald's.

Já sabemos que a identidade visual dá um selo para a sua marca, por isso ela é tão importante. Porém, assim como temos dito até agora, é importante que você goste e entenda o que está refletindo para o seu público.

Quero aqui propor a você um estudo. Vamos analisar duas marcas diferentes, a Apple e o McDonald's. Gostaria que você pensasse nos sentimentos que vêm à sua mente enquanto estiver analisando os objetos.

O que você sente quando visualiza este símbolo nessas cores?

E COM ESTA COR?

Esse mesmo símbolo já é um grande conhecido da população mundial, por representar a Apple, a empresa de tecnologia. A logo de arco-íris foi criada no início para representar a diversidade da empresa, no entanto não era tão versátil, por isso foi alterada para o padrão monocromático que permanece até os dias atuais.

1976 → 1977 → 1998 → 2001 → 2007 → 2017

As cores atuais possuem um ar de sofisticação e simplicidade. O branco representa clareza, leveza e naturalidade. O preto representa nobreza, pois transparece elegância, poder e sofisticação. Com essa combinação de preto e branco, é possível explorar de fato a essência da marca: inovação.

Esse é um símbolo que pode ser adaptado em qualquer formato, e isso é inovador e tecnológico.

Agora pense no McDonald's, uma das maiores redes de *fast-food* do mundo, com diversas franquias no Brasil, inclusive. Quando falamos do McDonald's, qual imagem vem à sua mente? E quais cores? Aposto que é amarelo e vermelho. Arrisco dizer que você deve ter sentido até uma água na boca e vontade de passar lá para pegar um hambúrguer.

Se ver essa marca despertou uma memória afetiva envolvendo alimentação e seu cérebro conectou você diretamente ao sabor da comida, isso é proposital. Essa combinação de cores desperta em nosso inconsciente a fome, porque todas as embalagens seguem a mesma padronização de cores. Se você comer uma batata, sabe que esse é o símbolo da embalagem: o amarelo lembra as batatas, o vermelho lembra o ketchup.

Se formos considerar as cores separadamente, o vermelho representa excitação, juventude, urgência e até perigo. O amarelo representa alegria, empolgação, otimismo, amizade e, em alguns casos, cautela.

As duas cores juntas despertam a nossa vontade de comer! São duas cores quentes que criam excitação, e, como remetem à felicidade, a forma mais rápida de fazer isso é comendo.

Nós buscamos as sensações que já conhecemos. Por tantas vezes, ao associarmos o McDonald's com fome, comida gostosa, alegria e felicidade, reforçamos cada vez mais esses sentimentos em nós, e o apelo visual fica ainda mais forte.

A QUESTÃO É QUE cores contam uma história E VOCÊ TEM A SUA HISTÓRIA PARA CONTAR

Para entender um pouco melhor o poder das cores, imagine o McDonald's com a cor roxa, como a deste livro. Você ainda sente a mesma vontade inicial de comer?

Pode ser que o símbolo ainda desperte sua curiosidade, mas é com a mesma intensidade e afirmação que as cores amarela e vermelha despertariam? Talvez não.

A questão é que cores contam uma história, e você tem a sua história para contar.

USANDO AS CORES A SEU FAVOR

Na hora de decidir a cor da sua marca, faça uma lista de todos os sentimentos que você quer despertar por meio dela.

A mesma cor pode ter conotações diferentes, dependendo do tom. Por exemplo, amarelo é uma cor alegre, mas o amarelo-escuro pode significar enjoo. A combinação de cores também causa sentimentos diferentes, como o exemplo do McDonald's.

Quando falo para os meus clientes sobre o que eles querem deixar transparecer, temos alguns caminhos. Você pode ir ao Google, escrever uma sensação e ver quais cores mais aparecem relacionadas àquele sentimento. Se você digitar "alegria" lá, vão aparecer imagens de pessoas sorrindo, você vai perceber que o amarelo vai estar em evidência, assim como outras cores *vivas*.

Você também pode escolher as cores, mostrá-las para as pessoas ao seu redor e ouvir delas o que sentem ao observá-las separadamente e, depois, misturadas na sua marca. É interessante ter o ponto de vista tanto das cores separadas quanto juntas, pois você pode definir alguns *posts* ou produtos com mais evidência de uma cor ou outra, já que cada uma passa um sentimento isolado.

Por exemplo, vá até a capa deste livro. O que você sente com as cores, com a fonte escolhida para o título? A disposição do texto passa quais sensações? Pode ir lá, eu espero.

Os sentimentos que quero passar com este livro são luxo, inovação, autoridade, criatividade, juventude.

Você sentiu algo assim? Então alcancei o objetivo que eu pretendia! Se você não sentiu isso, eu realmente errei. Faz parte. Você também pode passar o que quiser por meio da sua marca, mas é interessante pesquisar e entender a opinião de outras pessoas sobre as cores.

As cores ativam sentimentos primitivos dentro de nós, elas economizam palavras. Para você não ficar explicando a sua marca, as cores falam por si sós. A partir do momento em que as pessoas as enxergam, elas vão colocando as marcas em caixinhas, como você foi perfeitamente capaz de fazer com a Apple e o McDonald's neste capítulo. Agora é a sua vez: anote os sentimentos que você quer passar, faça a sua pesquisa no Google e prepare-se para se comunicar com muito mais do que palavras!

Você já tem todo o material prático para criar seu perfil, e isso é ótimo. Um dos objetivos foi alcançado, mas e o longo prazo sobre o qual falamos tanto até agora? Como focar o seu perfil para continuar crescendo e evitar o desânimo no primeiro baque de engajamento? Felizmente a resposta é clara, e vou ajudar você a entender melhor por que o longo prazo é importante nas mídias sociais.

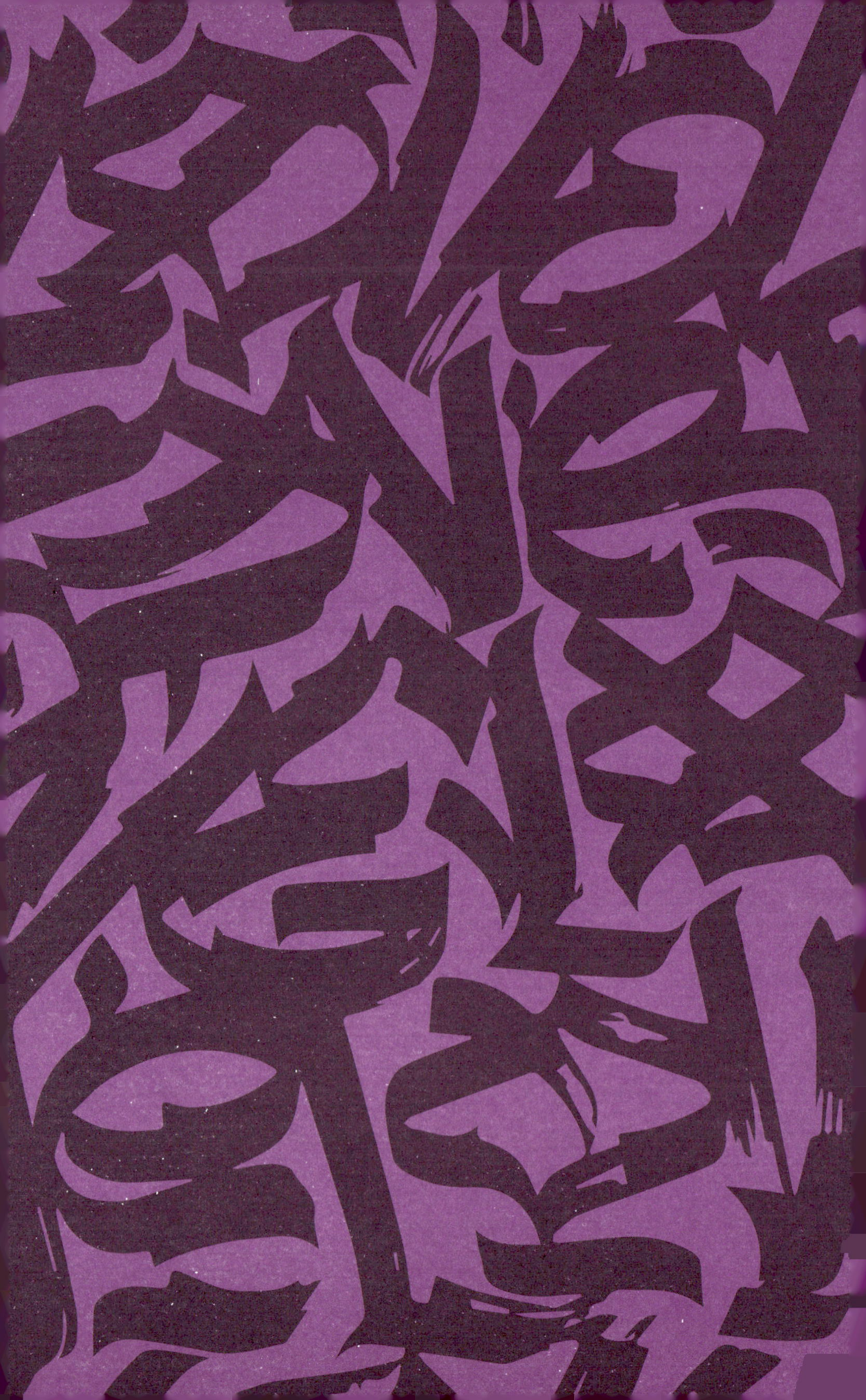

Metas e Objetivos

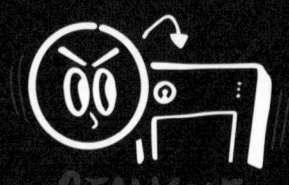

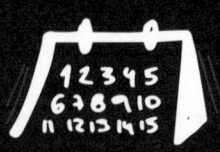

- Stalkeie
- Meta (ou objetivo)
- Parta para a ação
- O curto e o longo prazo
- Criadores, aprimoradores e copiadores
- Transforme pessoas em números
- Expectativas

Um apartamento dos sonhos, um carro maneiro, uma casa própria, um corpo padrão, um relacionamento perfeito... Todas essas são metas que os seres humanos podem ter ao longo da vida. Você já pensou em algumas metas para si mesmo, tenho certeza disso.

Sabe no Réveillon, quando todos estão dispostos a começar um *ano novo*, uma *vida nova*? Ali nós traçamos metas. E você também deve saber que muita gente não cumpre boa parte dessas metas. E por que tanta gente promete, mas quase ninguém consegue cumprir? Porque metas sem estratégia nem disciplina não levam a lugar algum – são só um sonho, não uma realidade.

Na verdade, quando falamos a palavra "meta", já vem à nossa mente uma ideia robotizada, em que todo mundo repete a mesma coisa: meta para lá e meta para cá. Sendo bem honesto, não sou muito fã da palavra "meta", porque ela traz uma carga pesada demais. Sempre usei a palavra "objetivo", que, por mais que seja parecida com "meta", não tem o mesmo peso.

As pessoas estão ficando cada vez mais doentes com as questões de meta, pensam a todo momento que precisam fazer tudo de uma vez ou vão ficar para trás, então se enchem de metas para todos os lados, ficam presas àquilo, acabam se frustrando e ficam doentes. Não quero que você fique doente pensando no futuro, quero que isso traga motivação, e não desespero.

Por isso, vamos usar a palavra *objetivo*, beleza?

Quando criei as minhas primeiras páginas na internet, só queria ser famoso sem mostrar o meu rosto, e foi exatamente o que consegui. A certa altura, eu já tinha acumulado mais de 5 milhões de seguidores nas páginas de humor e entretenimento, e tudo isso sem aparecer em frente à câmera. O meu objetivo inicial foi alcançado, aquele que desejei desde quando era pirralho e jogava na escolinha de futebol.

A visão que eu tinha sete anos atrás é a mesma de hoje? Os meus objetivos são os mesmos? Não. Eu amadureci ao longo dos anos. A minha meta de ser famoso foi alcançada, e quando cheguei aonde queria, pensei "e agora, o que posso fazer?", então transformei esse objetivo em outro: ser o mais relevante do meu segmento de marketing digital. O trabalho que me trouxe fama agora se tornaria um negócio. E essa virou a minha profissão, que é a que você está presenciando neste momento, enquanto lê este livro: profissional de marketing digital.

E, agora que as redes sociais são o meu trabalho, entrei em uma nova fase: o objetivo de aprimorar o meu negócio. O primeiro passo concretizado foi construir um negócio *sem* mostrar o rosto (os perfis de humor e entretenimento). O segundo era construir um negócio *com* o meu rosto, e que também foi concretizado (o meu perfil principal, onde falo sobre marketing). O terceiro passo, e estou no caminho para alcançá-lo, é construir um negócio *desvinculado* da minha imagem. E como estou fazendo isso? Este livro na sua mão é um dos meios. Você não vê o meu rosto, mas tem um baita conteúdo em mãos. Você pode adquirir o conteúdo e mantê-lo na sua mente sem associá-lo diretamente à minha pessoa, mas ao livro em si.

Você percebeu que acabei de compartilhar diversos objetivos e mostrei algumas coisas que fiz para colocá-los em prática? É exatamente isso que quero passar para você: objetivos não precisam ser definidos detalhadamente ao mesmo tempo; você tem o direito de mudá-los de acordo com suas vivências e necessidades.

Antes de você colocar a mão na massa, podemos pensar juntos em algumas maneiras de definir objetivos saudáveis e criar estratégias que ajudem você a alcançá-los, tudo isso sem deixar sua cabeça confusa.

COMO COMEÇAR A DEFINIR SEUS OBJETIVOS

As redes sociais estão cheias de gente todos os dias criando contas novas e se animando para começar um projeto, mas muitos desistem no primeiro baque. Sabe por quê? Há muita motivação, mas pouca disciplina. E esse precisa ser o seu diferencial. Você tem um objetivo? Ótimo, todo mundo tem algum. Agora o que diferencia você dos outros: você tem disciplina para colocar esse objetivo em prática? Se a resposta for *sim*, perfeito. Se for *não*, tenha calma, porque disciplina não é dom, é prática, e você só precisa da estratégia certa.

Você pode me perguntar como consegui cumprir cada um dos meus objetivos nas redes sociais, e digo com tranquilidade que foi com a ajuda da disciplina. Não importa se o meu objetivo era ser famoso ou construir minha própria marca, a disciplina não era maior em um e menor no outro, conforme a importância. Não! A disciplina deve servir em outras áreas da sua vida.

Mas você deve estar se perguntando: "Hyeser, você é disciplinado em todas as áreas?". E a resposta é *não*! Eu me permito ser medíocre em alguns aspectos, em áreas que não despertam o mesmo amor que o marketing me desperta. Exemplo disso: quando comecei, lá atrás, eu estava saindo do ensino fundamental para o ensino médio. Sempre fui um aluno mediano, passava com notas apertadas, pois estava gastando meu tempo para fazer crescer o meu perfil. Você não pode ser bom em tudo, então foque suas energias nas áreas em que estão os seus maiores talentos e se permita ser mediano em outras, assim como eu me permiti.

Preste bem atenção: não estou falando para você largar todas as suas responsabilidades, não é nada disso. Mas o meu perfil era a minha prioridade naquele momento, tive a condição de sustento para ser mediano na escola e focar ser ótimo no meu trabalho. Analise bem as suas prioridades, porque o que funcionou para mim pode não funcionar para você.

Imagine que o seu objetivo seja se tornar uma referência na sua área de atuação. Você já tem um objetivo definido, então precisamos pensar em alguma estratégia para colocar em prática, portanto vamos atrás de pessoas que possam ajudar você a pensar em estratégias. E quem são essas pessoas? Gurus do marketing digital? Estrategistas? YouTubers? A resposta está logo embaixo do seu nariz: os grandes concorrentes.

STALKEIE O GRANDE CONCORRENTE

A primeira coisa que você deve fazer para atingir o seu objetivo é rastrear quais são os bons concorrentes, pois eles vão proporcionar ótimos *insights* de conteúdo, e você pode aprender direto na fonte o que deu errado e o que deu certo para determinada pessoa. Se ela é referência de autoridade para você e para outros, entenda o que ela está fazendo corretamente, quantos seguidores ganha por dia, qual é o tipo de conteúdo que ela posta, os horários, se ela faz anúncios pagos (procure na biblioteca de anúncios pelo nome desse grande influenciador e veja quais são os anúncios, caso eles existam), quais as marcações que ela recebe no *feed*, quais *hashtags* são usadas nas postagens, a linguagem usada nas legendas, nos *stories* etc. Faça um trabalho de pesquisador e anote tudo que for importante.

Um perfil relevante com certeza já passou por vários problemas, e essa pessoa vai mostrar alguns caminhos para você não errar como ela errou. Esse é o tipo de aprendizado *skin in the game* que você precisa ter, especialmente se for um comerciante.

Se você for criador de conteúdo, então vá ao YouTube daquelas pessoas, caso elas tenham um canal, entenda como elas falam, como lidam com o seu público. Observe os comentários, procure entender quais dúvidas não foram tiradas e qual foi o *feedback* dos usuários diante das postagens. Os influenciadores do seu nicho que mais se destacam respondem aos comentários? Eles geram interação? Postam mais conteúdo compartilhável ou publicidade? Fazer a pesquisa é o *mínimo*, você só precisa analisar os resultados com cuidado.

PARTA PARA A AÇÃO

As pessoas buscam sempre soluções rápidas, fórmulas prontas, mas se esquecem de que nichos diferentes se comportam de maneiras diferentes. Um dono de loja não tem o mesmo perfil de produção que um criador de conteúdo, então você não pode esperar que as exatas "regras" de um funcionem para o outro.

Quando você faz essa pesquisa, começa a entender os padrões e pode colocá-los em prática, vai ser um sucesso!

Depois desse estudo, comece a entrar em ação. Não fique floreando demais. Sabe por que cresci tão rapidamente nas redes sociais? Porque aprendi na marra, coloquei a mão na massa o tempo todo. A importância disso é que você consegue ajustar a sua rota de acordo com o que você erra e aprende.

Há alguns anos, eu tinha uma página no Instagram em que postava *prints* engraçados de *tweets*, *posts* do Facebook, o que houvesse de conteúdo compartilhável nas redes sociais. Foi o perfil mais engajado que criei – ele chegou a receber 136 mil seguidores em 24 horas. Mas tinha um problema: a página violava as diretrizes da plataforma, porque os autores dos *prints* muitas vezes sofriam assédio nos comentários. E, por isso, ela foi excluída.

Não satisfeito, resolvi criar outro perfil de *prints*. Esse cresceu 80 mil seguidores em 24 horas. Assim como o primeiro, o crescimento era gigantesco, porque as pessoas se identificavam com o conteúdo. Mas aí o perfil caiu de novo. Com isso, comecei a perceber que esses perfis davam certo, mas jamais serviriam para o longo prazo, porque cairiam o tempo todo. E não fazia parte do meu objetivo me frustrar toda hora para recuperar contas perdidas e começar tudo do zero a todo instante – ainda mais porque não me daria lucro algum. Então, desisti dessa iniciativa e não fiz mais perfis assim.

Deu para perceber que eu tinha um objetivo, que era ter um perfil de humor e entretenimento engajado, e usei as estratégias corretas: *posts* compartilháveis e engraçados que gerassem conexão com o público, mas houve um empecilho: as diretrizes do Instagram. Com isso, remanejei a minha estratégia para algo que servisse no longo prazo para mim enquanto negociante e empresário, decidi mudar o nicho e investir em perfis que passassem pelo filtro do tempo.

Só aqui eu já tive os seguintes aprendizados: diretrizes do Instagram, como criar conteúdos compartilháveis, o que funciona com o público, como o engajamento funciona com o nicho de humor e entretenimento, como ganhar seguidores, e ainda aprendi o poder do longo prazo. Você acha que aprenderia tudo isso com essa profundidade se eu permanecesse só na superfície de pesquisa?

Você precisa aplicar sempre. Pense no seu objetivo, então busque maneiras de chegar até ele. Neste momento, faça pesquisa, veja o que dá certo no seu nicho, qual tipo de *post* funciona, qual é a demanda de produtos ou serviços por parte daquele público, e então coloque a mão na massa!

CRIADORES, APRIMORADORES E COPIADORES

De modo geral, costumo classificar as pessoas em criadores, aprimoradores e copiadores. E essa classificação se aplica àqueles em qualquer área da vida, inclusive no mundo digital. Você sabe como eles são?

➡ **CRIADORES:** são aqueles que criam tendências, inovam na criação de conteúdo e são capazes de trazer material inédito para o mundo. Não existem muitos criadores por aí, e por isso eles chamam tanta atenção, devido à sua criatividade e aos *insights* inteligentes e rápidos.

➡ **APRIMORADORES:** digo com tranquilidade que o mundo é dos aprimoradores. Apesar de não serem criadores natos, eles percebem padrões nos criadores, têm capacidade de internalizar esses padrões e adaptá-los para o seu próprio nicho, dando o seu toque pessoal ao que absorveram dos criadores. Entenda, aqui não é plágio (não mesmo), é simplesmente entender o que funciona para cada público e adaptar e melhorar para o seu.

→ **COPIADORES:** esses estão fadados ao fracasso, porque não conseguem ultrapassar a barreira da aprimoração. Eles se satisfazem em copiar os outros ao pé da letra, sem dar o seu próprio toque pessoal ou remanejar de forma que cause identificação com o seu público. Além disso, mais cedo ou mais tarde, essas pessoas são descobertas, e isso provoca um enorme descrédito perante a audiência, que, por falta de informação, acabava acreditando que o influenciador em questão criava todos aqueles conteúdos.

Dentro dessas classes, eu me identifico como aprimorador. Por mais que eu não seja tão criativo, consigo identificar padrões tanto em perfis maiores quanto em menores, busco as tendências que funcionam para diferentes públicos e as aplico diretamente ao meu. Meus momentos criativos acontecem graças aos conteúdos do meu segmento nos quais eu mergulho de cabeça. Resumindo: por passar tanto tempo consumindo conteúdo e aplicando tudo na prática, acabo desenvolvendo uma capacidade de crítica e criação sobre o meu nicho. Isso vai acontecer com você ao longo do tempo. Mas, para isso, você precisa ser um grande consumidor de conteúdo do seu nicho. Não me conformo em rebaixar as minhas capacidades a ponto de ser um copiador, porque isso, além de crime, não traz benefício nem para mim nem para o meu público.

Em qual das categorias você mais se encaixa?

> **LEMBRE-SE**
> O foco deve ser sempre permanecer entre criador e aprimorador, por isso fuja de ser um copiador.

O CURTO E O LONGO PRAZO

Não quero que você pense que só o longo prazo existe quando falamos de crescimento nas redes sociais. Por exemplo, o meu longo prazo era ser famoso, mas o meu curto prazo foi monetizar o meu primeiro Instagram. Esses objetivos menores podem se modificar de acordo com a sua realidade, assim como aconteceu comigo e minha página de humor – o meu objetivo era ser um perfil grande de entretenimento, mas o perfil de *prints* não funcionou no longo prazo, então decidi abandonar aquele objetivo e ir atrás de outro.

Às vezes me perguntam "Onde você se vê em cinco anos?", mas não tenho uma resposta pronta para isso. Sim, tenho alguns objetivos, mas evito colocar uma data específica para eles. Talvez uma resposta adequada para essa pergunta fosse "Eu me vejo me mantendo disciplinado para sempre atingir meus novos objetivos", porque é o que gosto de fazer. Gosto de colocar a mão na massa, e a capacidade de *fazer algo* me atrai muito mais do que somente *idealizar*.

Sou de Brasília, o que significa dizer que cresci sem qualquer mar ou litoral à vista. O sonho do meu irmão sempre foi ir à praia, já o do meu tio era juntar toda a nossa família em um evento. Quando comecei a vender meus cursos, juntei uma boa grana e decidi usar o dinheiro para realizar o objetivo de duas pessoas que amo. Coloquei esse objetivo de curto prazo no meio de tantos outros.

O resumo da ópera: fomos todos ao litoral norte de São Paulo. Aluguei uma casa para nós, e carros também, para que todo mundo pudesse ir. Contratei um fotógrafo para registrar nossos momentos e um guia turístico. Estávamos todos juntos, sem exceção, e meu tio conseguiu realizar o objetivo dele de anos. Quando chegamos à praia, sentindo o cheiro do mar, meu irmão nem se importou com o vento espalhando os cabelos dele para todos os lados, ele foi direto para a areia e começou a chorar quando sentiu aquela sensação sob seus pés pela primeira vez. Eu me emocionei junto. Realizar meus objetivos já era um sonho, mas ser capaz de fazer isso pela minha família me deu uma perspectiva além, uma em que o longo prazo continuaria sendo ajudá-los acima de tudo.

Então veja bem: você pode remanejar os seus objetivos e se dar a chance de *viver* enquanto faz isso. Não fique aí pensando "Só vou ser feliz quando alcançar todos os meus objetivos". Você precisa buscar saúde e felicidade *enquanto* vai atrás dos seus objetivos, sejam eles de curto ou longo prazo.

Mas como nem tudo é um mar de rosas, e dificuldades aparecem no caminho, precisamos reconhecer alguns erros na hora de definir nossos objetivos.

ERROS NA CRIAÇÃO DE OBJETIVOS

Quando as pessoas querem criar um objetivo, a empolgação é tanta que elas acabam enchendo a bagagem com vários "miniobjetivos", o que pode causar uma grande confusão na cabeça de qualquer um. "Quero ter uma rede social, postar todos os dias, ter um cronograma detalhado e entender o algoritmo. Quero tais e tais seguidores, além de investir em tráfego orgânico e pago." Que nó! Garanto que essa pessoa já se perdeu. Ela nem sabe por onde começar e já quer dar um salto quântico, ou seja, partir de um nível baixíssimo para um extremamente alto.

O problema das pessoas, como eu já disse, é florear demais! Você não precisa saber tudo sobre Instagram para criar um perfil, nem precisa ser um *expert* no algoritmo do Twitter para ter a sua página lá.

O que você precisa é ir com calma e começar aos poucos. Okay, tenho um Instagram e o meu objetivo com ele é poder vender o meu curso de nutrição e criar uma base de clientes. Ótimo! Agora você precisa buscar estratégias voltadas para autoridade e conversão de seguidores para clientes. E como você pode fazer isso? A partir do que já vimos: conteúdos de topo de funil, *hashtags*, prova social e conteúdo de valor, por exemplo. E como saber se isso funciona para o seu perfil? Postando muito conteúdo e errando bastante no começo, assim você vai conseguir traçar o perfil do seu público e, consequentemente, melhorar seu conteúdo cada vez mais. Viu só como destrinchamos rapidamente algo que parecia complicado?

FALTA DE DISCIPLINA

Disciplina é tudo que você precisa para manter o ritmo de publicações e criação de conteúdo. Isso é algo que precisa ser trabalhado na sua vida, e você só consegue desenvolver disciplina colocando a mão na massa.

Já deu para perceber um padrão em tudo o que falei até agora, não é? *Skin in the game.* Você pode até conhecer o nome dos conceitos apresentados, inclusive pode saber o que é funil de conteúdo, mas de nada adianta se não colocar tudo isso em prática e sentir na pele como o seu público reage a isso.

Em todos os meus sete anos de redes sociais, fiquei apenas três dias sem postar nada. Aí você pode pensar "Não tenho tempo nem condições de produzir tanto conteúdo". Essa foi a minha disciplina, postar com constância diária, não importando se era domingo ou feriado. Você pode ter uma disciplina diferente da minha, por exemplo, separando um dia da semana para preparar os *posts* da semana seguinte, ou sempre postando pelo menos cinco *stories* por dia, ou gravando dois *reels* por semana. Isso também é disciplina.

TRANSFORMAR PESSOAS EM NÚMEROS

Em 2020, lancei o meu primeiro curso de marketing digital, o Instagrammer Pro. Montei um cronograma de desafios, uma sequência de lives de divulgação, e elas foram um verdadeiro sucesso. A primeira live desse desafio atingiu 16 mil pessoas, um número impressionante. Isso levantou a minha autoestima até o teto, criou um senso de realização imenso dentro de mim.

Avance alguns meses, para quando lancei o meu segundo curso, o Metrô 2. Eu já havia tido a experiência transcendente com os desafios do primeiro curso, por isso eu sabia que daria certo e seria um sucesso. Mas, quando fiz o primeiro dia de lives, fiquei em choque, porque apenas 4 mil pessoas estavam presentes. De 16 mil da outra live para 4 mil nessa? Isso é um quarto do público que eu tive na live anterior! Eu não soube lidar com esse baque.

Durante a live, o choque foi tão grande que mal consegui ligar uma frase com a outra, não fui capaz de transmitir as ideias que eu tinha na cabeça nem de fazer nada além de me perguntar "o que aconteceu?". Pensei em fechar a live, porque minha cabeça não estava funcionando direito. Foi um desastre.

Quando terminei a live, permaneci sem reação e então comecei a pensar racionalmente sobre o que havia acontecido. "Será que eu me importo mais com o número do que com as pessoas do outro lado da tela? Não pode ser! Eu prego justamente o contrário!"

É interessante ver como nós perdemos a noção quando se trata de números. Quatro mil pessoas é *muita* gente. Imagina só se 4 mil pessoas comprarem este livro? Isso não seria uma vitória? Eu vivia falando para as pessoas não se importarem tanto com números e ali estava eu, nervoso e confuso porque não recebi o retorno numérico esperado. Eu nunca tinha sentido na pele a frustração que senti naquele dia.

Foi aí que voltei ao início (ao *ikigai*), respirei fundo e comecei a focar as *pessoas* em vez de *números*, e o meu coração se acalmou. O meu objetivo sempre foi trazer conteúdo que ajudasse os outros, e eu estava fazendo exatamente isso, e era isso que importava.

O PROBLEMA das pessoas, COMO JÁ DISSE, é florear DEMAIS!

Voltar às raízes dos seus objetivos é uma ótima forma de permanecer com o pé no chão e a cabeça no lugar.

NÃO GERENCIAR SUAS EXPECTATIVAS

Você está começando, e por mais que seja legal pensar no longo prazo, mantenha suas expectativas sob controle. Pessoas que resolvem trabalhar com mídias sociais só para ostentar um número de seguidores costumam se frustrar. Ter milhões de seguidores pode até ser o seu objetivo, isso não é errado, mas se você não se planejar nem tiver estratégias para isso, não vai dar certo.

Vendi o meu primeiro curso Instagrammer Pro quando eu tinha 250 mil seguidores no Instagram. Na mesma época, um concorrente meu que crescia comigo e tinha quase o mesmo número de seguidores também ia lançar um curso. Nós dois usávamos a mesma base de estratégia: a divulgação. Pessoas nos divulgavam nos *stories*, tínhamos uma relação de tentar crescer junto a outras pessoas do nosso nicho. Quando lançamos o curso, eu fiz sete dígitos em dois dias. Ele faturou 4 mil reais brutos.

Então, o que me diferenciou dele? Por que, mesmo partindo de posições semelhantes, meu resultado foi tão diferente? Em primeiro lugar, eu já tinha reconhecimento e autoridade naquele ponto, mas, ainda mais do que isso, eu tinha estratégia.

E qual foi essa estratégia? Busquei estar sempre rodeado de pessoas que me conferiam autoridade, mesmo que elas não tivessem tantos seguidores assim. Se busquei divulgação nisso? Claro que sim. Mas divulgação com pessoas que já são referência na sua área não é a mesma coisa que divulgação com qualquer pessoa com muitos seguidores. O número de seguidores nem sempre equivale à autoridade, especialmente na área de vendas. A lição disso é a seguinte: não cresça a qualquer custo sem pensar em uma estratégia.

> **LEMBRE-SE**
> Tenha em mente seu objetivo final e firme-se em estratégias a fim de atingi-lo, mas faça isso com as pessoas *certas*. Não foque apenas no crescimento numérico, pois ele pode deixar você na mão.

COMO MEDIR O SEU CRESCIMENTO

Há diversas maneiras de medir o seu crescimento nas redes sociais, e a primeira delas é saber se o seu conteúdo é relevante para quem precisa de auxílio e recorre ao seu perfil em busca de respostas. Se você posta um conteúdo que é útil para os outros, então sim, você está crescendo, e esse é um ótimo indicador de qualidade e autoridade.

E como você sabe se está crescendo com qualidade? Pela resposta do público. As pessoas vão começar a responder suas caixinhas de pergunta, mandar mensagem no privado, fazer comentários e questionamentos, dar *feedbacks* com elogios etc.

Outra forma de saber como o seu conteúdo tem se desenvolvido é observando suas postagens semanais. Imagine que você postou 14 conteúdos em uma semana, então você analisa as quatro melhores postagens e busca entender o elas têm em comum. Foi a fonte? As cores? O formato? O horário de postagem? A legenda? As *hashtags*? E, a partir dessa análise, você começa a masterizar o seu conteúdo e entender o que funciona de verdade.

Mas atenção! Cuidado para não ficar refém do seu público. Perceber que os conteúdos compartilháveis funcionam melhor é ótimo, mas isso não significa que você só deva postar conteúdo dessa categoria, pois cada tipo de postagem tem um objetivo. Se você só posta conteúdo do tipo topo de funil, seu público não vai se interessar em comprar nada seu. Mesmo que os conteúdos de meio e fundo de funil tenham menos engajamento, eles ainda são necessários, porque são responsáveis pela construção de autoridade e confiança e proporcionam a venda de um produto.

Muita gente só pensa em chegar logo aos 10 mil seguidores para poder usar a ferramenta "arrasta para cima" nos *stories* do Instagram, mas não cresce de maneira consciente e estratégica, e isso é um problema. Se você não tem um público que realmente queira se aprofundar no que você vende, ter 10 mil seguidores vai significar alguma coisa? O crescimento a todo custo tem um preço alto que vai ser pago no longo prazo.

De que adianta ter o arrasta para cima se ninguém arrastar para cima?

O que importa de verdade é o caixa que você tem gerado com os seus seguidores. Se o seu produto está sendo vendido, é isso que importa. Quando você oferece algo e as pessoas compram, gera caixa para você e cria oportunidades de novas vendas. Esse é um forte indicador de crescimento.

Então não se engane: o crescimento numérico é importante, porque significa que há mais pessoas chegando ao seu perfil, mas ele não pode ser a única métrica para medir o seu sucesso! Ter um público engajado é muito mais importante do que ter seguidores fantasmas brilhando na tela da sua rede social. E como você pode manter os seguidores no seu perfil? Como convencê-los de que comprar de você é a melhor opção? Por meio de gatilhos mentais. Vamos dar uma olhada neles.

GATILHOS MENTAIS

- ESCASSEZ
- AUTORIDADE
- URGÊNCIA
- ANTECIPAÇÃO
- RECIPROCIDADE
- PROVA SOCIAL
- DESCASO

Você já se sentiu inclinado a comprar um produto apesar de não precisar dele no momento? Ou, melhor ainda, sentiu uma urgência necessária de comprá-lo antes mesmo de ele existir? A mudança entre "não preciso disso" e "preciso disso agora" geralmente é ativada pelos gatilhos mentais, que nada mais são que formas de criar uma conexão entre o anunciante e o cliente, para assim gerar a venda.

Toda propaganda na televisão, na internet ou em *outdoors* usa gatilhos para despertar a atenção do consumidor e fazê-lo querer comprar um produto ou serviço. Isso é pura psicologia.

No início da pandemia da Covid-19, grandes bancos fizeram diversas propagandas com mensagens de incentivo dizendo "vamos conseguir", "vamos passar por isso", "juntos somos mais fortes", e o recurso visual mostrava famílias felizes, abraçadas. Essas propagandas criavam o senso de união da população na luta contra o coronavírus, e os bancos seriam os principais apoiadores desse laço familiar.

Alguns meses depois, quando os efeitos econômicos da pandemia vieram, milhares de pessoas perderam empregos e o índice de pobreza cresceu no Brasil. As propagandas então mudaram o foco. Agora não era mais a família, mas o trabalhador informal que precisava segurar seu próprio negócio. Nesse ponto, as propagandas mostravam microempresários sorrindo enquanto assinavam empréstimos com o banco, todos bem-vestidos, de terno ou salto. Essas propagandas são focadas no senso de restabelecer as pessoas, tirá-las de uma zona de pobreza com a ajuda do empréstimo bancário. É muito mais fácil decidir fazer um empréstimo com um banco que oferece a perspectiva de sair com a grana alta no fim do mês a ponto de você esquecer as letrinhas miúdas na propaganda, não é mesmo?

Todas essas propagandas utilizam dois fatores especiais: *timing* (lembra o tempo correto para fazer algo de que falamos?) e gatilhos mentais.

E como os gatilhos mentais funcionam? Se alguém entra na sua página buscando um produto específico que você venda, então a pessoa já sabe o que aquele produto vai causar na vida dela, quão útil ele pode ser, mas ela precisa de um empurrãozinho para tomar a decisão de compra. As pessoas são procrastinadoras, e o gatilho mental tem o papel de provocar a ação, ou seja, fazer com que efetuem a compra e não fiquem apenas no campo do "ah, eu quero isso, mas agora não".

Levando isso em consideração, vamos dar uma olhada em alguns gatilhos mentais que vão ajudar a alavancar suas vendas.

ESCASSEZ

Quando uma pessoa toma a decisão de comprar algo, o processo precisa ser rápido, antes que outras preocupações entrem na frente e tirem o foco dela.

Um fator que incentiva essa compra rápida é o gatilho da escassez. Quando a pessoa percebe que há um limite de vendas, ela se sente no dever de comprar logo. Mas atenção! Esse gatilho precisa ser honesto. Vamos supor que uma loja anuncie "Serão vendidas apenas trinta unidades de marmita fitness" e o cliente corra para comprar. Mesmo após as trinta unidades, você continua divulgando.

O cliente que comprou não vai sentir a honestidade vinda de você, ele vai pensar que poderia ter comprado depois e que foi enganado. E ali mesmo você perdeu um cliente com potencial para ser fiel.

> **Mantenha-se fiel ao que você anuncia. O seu cliente não é um bobo da corte e não deve ser enganado. Seja sempre verdadeiro com ele.**

Toda vez que monto uma turma de curso, falo que as vagas são limitadas. Quando as vagas se esgotam, informo o tempo que levou para que isso acontecesse, por exemplo que as vagas limitadas se esgotaram em menos de 24 horas (quando isso acontece). Crio o senso de escassez nos meus seguidores para permanecerem dentro do treinamento e não perderem nada. Mas não há mensagem falsa: se eu prometo, eu cumpro, e você deve fazer o mesmo em respeito aos seus clientes.

Exemplos de gatilho de escassez: apenas tantas unidades; vagas limitadas; oferta limitada.

URGÊNCIA

O senso de urgência e o de escassez podem ser muito parecidos. Diferentemente do gatilho da escassez, que dá o alerta para *quantos*, o da urgência alerta o cliente sobre o *quando*.

Você já assistiu às propagandas de lojas de móveis na televisão em época de saldão? Normalmente aparecem os produtos com um grande destaque para "últimos dias" e "a promoção só vale até tal dia". Esses anúncios geram urgência no cliente: ele sabe que seu tempo para adquirir aquele produto ou serviço está acabando, e isso faz com que pense: "Preciso comprar logo isso, senão não vou conseguir mais comprar por esse preço".

Exemplos de gatilho de urgência: compre agora; a oferta expira no dia tal; é só até amanhã; as vagas serão encerradas em tal horário.

AUTORIDADE

O gatilho da autoridade é o que uso com mais frequência, porque é o meu favorito. A autoridade é importante porque possibilita que alguém seja convertido de seguidor para cliente. A autoridade é um ciclo: primeiro você precisa falar, depois cumprir o que falou para, então, gerar resultados.

Existem duas formas de você demonstrar autoridade. A primeira é a já conhecida *skin in the game*. Se você já resolveu um problema colocando uma solução que funciona em prática, então é a sua vez de passar esse conhecimento para a frente, para outras pessoas testarem o método e terem o resultado desejado também. *Bum!* Você virou autoridade.

Quando você aplica o que fala, testemunha a favor daquele método, e então aquilo se torna referência; na verdade, o que eu quis dizer é: você vira referência. Afinal, as pessoas sempre buscam novas formas de acertar.

Dou muito valor ao *direct*, por isso ensino à minha audiência que essa ferramenta é a parte mais importante do Instagram. Pode ser que você que está lendo o livro até já tenha sido respondido no meu *direct*. Se alguém me segue há um ano e manda *direct* sempre, essa pessoa provavelmente já foi respondida. Eu gosto de responder meu público, o que gera relacionamento e confiança, dois pilares que eu reforço o tempo todo como essenciais na venda de produtos. Pratico o *skin in the game* com métodos que aplico diariamente. As pessoas percebem isso, e eu me torno uma autoridade na visão delas.

A outra forma de autoridade é a autoridade percebida. Quando você está cercado de pessoas com autoridade, recebe um selo de "validação" por estar com elas.

Quando conheci o Thiago Nigro, um dos maiores investidores do Brasil e autor *best-seller* de finanças, eu estava em um evento em Santos. Eu tinha sido convidado por um de seus sócios, o Joel, que curtiu meu trabalho nas mídias sociais, a participar do evento. Como você já sabe, sou tímido, mas naquela época eu era

MANTENHA-SE FIEL ao que você ANUNCIA

ainda mais. Estava em uma sala com vários influenciadores, todos de nome grande na mídia, e ninguém me deu bola, porque, apesar de ter milhões de seguidores (às vezes até mais do que o pessoal no setor VIP), eu ainda não usava meu rosto como marca. Eu era simplesmente o garoto com páginas de entretenimento.

Enquanto eu mexia no celular, distraído e tentando me encolher no canto, uma figura apareceu na sala. Todos se viraram para olhar, e eu também. O Thiago entrou pela porta e me viu isolado, então perguntou para todo mundo: "Por que ele está sozinho? Vocês não conhecem o Hyeser?". Ele me apresentou, me deu importância e me colocou em uma posição de autoridade diante de todas aquelas pessoas na sala VIP.

E não foi só isso; quando começamos a trabalhar juntos, ele topou divulgar meu projeto pessoal em suas redes sociais. Os seguidores do Thiago olharam para o maior influenciador de finanças do mundo e pensaram: "Ok, se o Thiago Nigro, uma das maiores figuras de autoridades do Brasil, está falando bem desse cara, eu quero entender o motivo, ele deve ser alguém importante".

Pronto! Autoridade percebida. Você é visto como autoridade porque outra pessoa com autoridade se colocou ao seu lado e mostrou que você agrega algo a ela.

> **LEMBRE-SE**
> Não basta ter várias pessoas falando bem de você, porque, se o conteúdo não for bom, ninguém vai se manter por muito tempo no seu perfil.

A autoridade percebida vai dar firmeza ao seu conteúdo, ao que você produz, mas não no longo prazo. Por isso, invista em diversos gatilhos e em se tornar uma autoridade com bom conteúdo.

RECIPROCIDADE

Para gerar engajamento, você precisa se engajar. É o que eu sempre digo para meus alunos e pretendo bater nessa tecla até o fim. O seu seguidor está ali para receber conteúdo e produtos, e o gatilho da reciprocidade funciona com a seguinte lógica: "Se o conteúdo gratuito que essa pessoa produz é bom, imagine se eu pagar por isso!".

Se você produz conteúdo de valor para as pessoas e agrega a elas, então, quando lançar algo, elas se vão se sentir na "obrigação" de retribuir tudo que você fez por elas. Por exemplo: você tem um perfil voltado para a área da saúde e faz alguns *stories* falando sobre um livro que está lendo voltado para a sua área de atuação, e então compartilha essa leitura com seus seguidores e fala em que área esse livro pode ajudá-los, assim como te ajudou. Você pode desenvolver a partir dos *stories* algo como "Cinco coisas essenciais que esse livro me ensinou e podem ajudar você também" ou "Cinco aprendizados que esse livro me trouxe e você pode começar a aplicar hoje". Pronto, você já gerou conteúdo de valor, já entregou conteúdo gratuito que auxilia as pessoas. E aí, em seguida, você posta um *story* com o *link* para a compra do seu curso de receitas fitness. É o suficiente para que as pessoas que assistiram ao *story* sintam que você está em crédito com elas, já que entregou um conteúdo tão bom, e então desejem conferir o que você tem a oferecer.

Costumo usar esse gatilho por meio do meu conteúdo. Faço lives gratuitas com aulas sobre marketing digital, posto um conteúdo que agregue valor às pessoas e respondo às dúvidas sempre que posso. Isso faz com que queiram ajudar, queiram entender melhor e comprem meus produtos. Esse deve ser o seu foco.

PROVA SOCIAL

Esse gatilho é importante porque está ligado ao gatilho da autoridade. A prova social acontece quando você permite que outras pessoas falem bem do seu serviço ou produto no seu lugar, como um depoimento.

A prova social é especialmente usada nas avaliações de sites como Amazon e Google. Vamos supor que você deu uma estrela para um produto comprado de uma loja e comentou que o produto veio com avarias e a loja não é confiável. Essa é uma prova social negativa sobre um produto.

Esse gatilho relaciona-se diretamente com o gatilho da autoridade porque, quanto mais pessoas falam bem do seu produto, mais autoridade você angaria. E como você pode mostrar esses *feedbacks* positivos? Repostando as mensagens e avaliações positivas; criando destaques para eles na sua página; respondendo sempre aos comentários, sejam eles negativos ou positivos. Se forem negativos, observe o que pode ser melhorado e diga ao cliente. Se forem positivos, agradeça e se mostre aberto a receber novos pedidos daquele cliente.

O foco nesse gatilho não é mostrar que o seu produto é bom, mas mostrar outra pessoa dizendo que ele é.

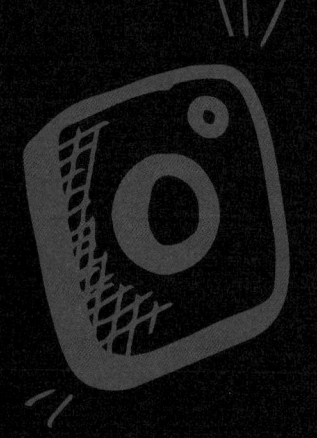

VOCÊ QUER TESTAR
UMA PROVA SOCIAL?

ENTÃO POSTE UMA FOTO DESTE LIVRO COMO SUA LEITURA ATUAL NO SEU PERFIL E MARQUE

@HYESERS

Quando o Thiago Nigro me divulgava em seus *stories*, ele passava autoridade, mas também fazia uma prova social de quanto o meu trabalho era bom.

Você, por exemplo, pode já ter postado foto deste livro nos seus *stories* e me marcado. Ao fazer isso me deu uma prova social que pode me ajudar em duas coisas.

A primeira é fazer com que eu relembre a minha audiência de que escrevi um livro, mas sem ser chato e insistente, pois só estou repostando um *story* de outra pessoa. Mas tome cuidado com o número de *reposts* que você faz diariamente, pois o que pode ser legal e trazer autoridade e prova social, quando usado em muita quantidade pode acabar com seu engajamento.

A segunda é ativar a última engrenagem de compra em alguns seguidores. Pode ser que eles só precisem daquele gatilho no *story* para tomar uma decisão de compra, pois viram outra pessoa falar de mim ou do meu produto. Isso pode aumentar as vendas consideravelmente.

DESCASO

O gatilho do descaso funciona, mas, ao aplicá-lo, você deve estar bastante atento a uma questão importante. Vamos supor que você tenha começado agora nas redes sociais e obviamente queira vender o seu produto. Então, numa live, poderia dizer: "Gente, as inscrições para o meu treinamento começaram hoje, as vagas são limitadas. Se fizer sentido para você comprar, vai lá na bio".

No contexto das redes sociais, descaso é quando você deixa a decisão de compra na mão do seu seguidor e meio que "dá de ombros". Esse método não é indicado para quem está começando no mercado, porque você não pode iniciar um negócio fazendo descaso dos próprios produtos, especialmente se ainda não tem um público fidelizado.

Esse método é recomendado para quem tem uma boa base de clientes e já é muito conhecido, por exemplo. Ainda assim, falamos sobre ele aqui porque é um gatilho importante e pode ajudar você a desvendar os gatilhos de venda dos seus concorrentes também.

ANTECIPAÇÃO

Já que boa parte das pessoas demora a se convencer de algo que um vendedor ou *influencer* fala, você precisa anunciar tudo com antecipação nas redes sociais, especialmente se estiver começando nisso.

Isso significa que você precisa sempre exibir o seu produto para as pessoas, lembrá-las do que você quer vender ou fazer, preparar todo mundo para algo que queira anunciar. Quanto mais antecipação, melhor.

Quando abro um treinamento, aviso com pelo menos dois meses de antecedência quando o curso e as vendas começam, quais as formas de pagamento, entre outros dados, porque as pessoas precisam se programar, especialmente se houver um custo a ser pago.

As redes sociais são um ambiente instantâneo e rápido, e, se você não continuar lembrando as pessoas sobre o que vai fazer, elas vão se esquecer e você corre o risco de perder uma grande chance de alavancar suas vendas só porque não divulgou com antecedência o seu produto.

Agora você já conhece os principais gatilhos mentais das vendas: escassez, urgência, autoridade, reciprocidade, prova social, descaso e antecipação. Se quiser, podem ser usados ao mesmo tempo.

Você pode criar antecipação nos seus clientes por meio de uma contagem regressiva enquanto usa a escassez e a urgência para chamar atenção. Por exemplo: sete *posts* de contagem regressiva (antecipação), e em todos eles lembrando os clientes de que "são vagas limitadas" (escassez), "as inscrições só duram 24h" (urgência). Essa mescla é interessante, porque os gatilhos não são caixas fechadas e você tem a liberdade de brincar com cada um deles ou mesclá-los como quiser.

Quero propor um exercício: pense agora em uma estratégia para o anúncio de um produto usando um dos gatilhos apresentados aqui, e então mande os resultados para mim no *direct* do Instagram! É hora de fazer funcionar as provas sociais a todo vapor, hein?

E, agora que você sabe como *engatilhar* os seus clientes para comprar os seus produtos, está um passo mais perto de conseguir manter uma clientela fiel. Você percebe bem a importância do relacionamento e das relações de confiança com o cliente? Vamos destrinchar um pouco melhor como manter seu público sempre engajado com você enquanto usamos os gatilhos mentais.

FEEDBACK NEGATIVO

FEEDBACK POSITIVO

RELACIONAMENTO COM O CLIENTE

ESQUEMA 80x20

ASSISTIR X ACOMPANHAR

Gosto de ser atendido com qualidade. Quando vou a uma loja, gosto que a pessoa que me atende seja solícita e me ajude no que preciso. Esse é um bom relacionamento entre cliente e vendedor. Às vezes, quando o serviço é ruim, você se sente desprezado e a tendência é perder um pouco do encanto pelo produto que quer comprar, ou então ir até o concorrente comprar o mesmo produto, mas com um atendimento melhor.

Na internet, enquanto criador de conteúdo, você precisa se importar com o seu público e educá-lo em vez de se tornar refém dele. Tenho batido fortemente nessa tecla ao longo do livro, mas aqui é um espaço especial para isso.

O seu público é atraído para o seu perfil por meio de conteúdos compartilháveis, e esse tipo de conteúdo, logicamente, tem um alcance maior. Como as redes sociais são cheias de vaidade envolvendo likes e comentários, esses conteúdos com mais compartilhamentos podem acabar tornando você refém deles, fazendo com que só queira publicar *posts* que fazem sucesso e trazem mais pessoas para o seu perfil. Isso não é saudável.

Quando falamos em produção de conteúdo, precisamos balancear o conteúdo de funil, como vimos anteriormente.

Postar só conteúdo de venda é ruim, assim como postar só conteúdo que gere compartilhamento também. Então como entender o que o meu cliente espera do meu perfil e como entregar isso a ele sem me tornar refém?

Antes de tudo, entenda as motivações dos seus seguidores para comprar seus produtos e seguir você. Por exemplo, no nicho de *lifestyle*, boa parte das compras é feita por conexão, porque a pessoa confia em você. Quando falamos de autoridade, a pessoa compra de você ou consome o seu produto porque ela já entendeu que existem outros criadores no mercado mas você é referência. Outras compram por segurança, quando sabem que o seu produto é de qualidade, que o dinheiro gasto vai trazer resultados.

E são os conteúdos que geram conexão, autoridade e segurança que convertem o seu público em venda direta, não exatamente os *posts* compartilháveis. Pessoas que acabaram de chegar ao seu perfil provavelmente não vão comprar de você, por isso é importante focar conteúdos que aprofundem a informação, deem conhecimento e gerem conexão com seu seguidor a ponto de ele querer comprar o que você oferece.

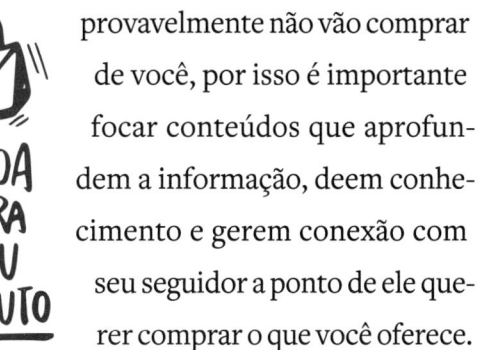

De modo geral, as compras primeiro se concretizam no emocional, e são os gatilhos que aprendemos no capítulo anterior que causam o baque emocional capaz de provocar a ação de comprar. Um exemplo perfeito disso foi a onda de compras de *ring lights* nas lojas em 2020. Na ocasião, muita gente havia criado a noção de que, para ser influenciador, era necessário ter uma *ring light*, já que usá-la dava a sensação de ser blogueiro. Então as pessoas queriam comprar esse produto, e essa decisão já havia se tornado emocional: quero ser validado como *influencer*.

Mas aí vem a segunda etapa da compra: "De quem vou comprar?". Aqui entramos na parte racional. O comprador confia na loja? Ela já tem um bom histórico de avaliação? As pessoas gostam do material? A entrega é segura? "O que sei sobre essa loja?"

Para tomar uma decisão de compra, são necessários fatores mais complexos do que só gostar do conteúdo que você produz: aquela pessoa precisa entender a utilidade do seu produto, depois se conectar com você (entender suas crenças, por quais transformações você já passou a partir do que vende, como você funciona, do que gosta), para então comprar efetivamente. E como você pode vender seu produto e produzir conteúdo de qualidade que chame novos seguidores?

ESQUEMA 80X20

Assim como tudo na vida, as redes sociais envolvem equilíbrio. Para que você cresça e consiga vender seu produto, pense no esquema de 80x20: 80% conteúdo e 20% venda.

O conteúdo compartilhável, aquele que cria conexão com seu seguidor e confere a você autoridade (topo e meio de funil), é que vai tomar os 80% desse cálculo, porque esses conteúdos trazem e mantêm o seu público no seu perfil, que é o objetivo principal para convertê-lo em venda. Os outros 20% envolvem as vendas. Nessa parcela, você pode anunciar o seu produto nos *stories*, mostrar o *feedback* de clientes que compraram e aprovaram, falar de promoções, mostrar fotos suas usando seus produtos, ou até mesmo fotos de clientes que se disponibilizaram a contribuir com fotos.

> Peça para seus clientes enviarem fotos usando os seus produtos e marcarem você nos *stories* ou em *posts*. Então reposte, fale sobre o produto e sobre como ele ficou bom naquele cliente. Isso gera prova social, confiança e aproximação, porque seu público vai perceber que você não é uma loja robótica, mas relacional.

A importância desse esquema está em você conseguir postar conteúdo a fim de ser notado por novas pessoas. Dessa forma, crescer e reter os seguidores para só então vender algo para eles estabelece uma relação de crescimento (por meio dos conteúdos), retenção (dos seguidores) e vendas do seu produto.

O QUE FAZ O PÚBLICO COMPRAR O SEU PRODUTO?

Tenho bastante contato com influenciadoras do ramo do marketing digital, e nós sempre realizamos uma troca legal de conteúdo. Em uma dessas trocas, entrevistei a *influencer* Bia Napolitano, que é acostumada a fazer publicidade e campanhas com lojas e marcas reconhecidas. Durante nossa conversa, perguntei o que faz o público comprar um produto que ela divulga, e anotei algumas informações absolutamente necessárias para você:

Postar conteúdos que você gostaria de assistir ou acompanhar

Não adianta nada o seu produto não ser válido para você mesmo! O seu público precisa ver que você usa o que vende, que a sua marca faz parte da sua vida pessoal. Além disso, falando da produção de conteúdo, parte do esquema 80x20, não adianta nada produzir vários conteúdos compartilháveis (como memes, polêmicas, dicas etc.) se você não gosta do que produz e não acredita no que está falando! Isso mina a conexão e a aproximação com o seu consumidor, além de afastar a chance de fazer vendas.

Sempre se relacionar com o cliente

É importante atender às solicitações e perguntas rapidamente, responder aos comentários de maneira educada e gentil, e isso vale também para as mensagens no privado. Esse tipo de atenção cativa o cliente, faz com que ele se sinta importante e parte do seu negócio. Você precisa focar as vendas, mas sem deixar o

ASSIM COMO tudo na vida, AS REDES SOCIAIS envolvem equilíbrio relacionamento com o cliente de lado. Se você interage e se engaja com aquele seguidor, as chances de ele se tornar um cliente são consideravelmente maiores.

Nem sempre clientes compram algo porque precisam

A chave da venda é fazer o cliente saber que precisa de algo e que o seu produto é perfeito para isso. Mas a verdade é que nem sempre o cliente *precisa* do que você está vendendo, então é necessária outra manha para fazê-lo comprar. Nesse caso, a Bia foi direta ao dizer que a influência do vendedor sobre o seu próprio produto conta muito na hora da compra. Se você mostra que o produto mudou a sua vida, os lados positivos dele e o impacto que ele pode causar, então, mesmo que o cliente não precise, a tendência é que ele compre o produto por sua influência, porque ele percebe que aquele produto poderia não ser necessário até dois segundos atrás, mas agora é. Até porque vale lembrar que clientes não compram produtos, eles compram experiências.

A partir da experiência da Bia, deu para perceber quanto o gatilho da reciprocidade é importante com o seu cliente? Dar atenção e estar comprometido com o seu público aumentam suas chances de venda. Mas e quando o cliente compra um produto e dá um *feedback*?

Como lidar com os *feedbacks*

Quando você receber *feedbacks* positivos sobre o seu produto, não demore, não pense: poste! Lembra quando falamos sobre provas sociais? Elas são muito importantes para a venda do seu produto.

Vamos supor que um cliente enviou um *feedback* extremamente positivo sobre a utilidade do seu produto; é justo guardar isso só para você? Não mesmo. Seus outros clientes precisam ver isso e pensar "Nossa, quero ter a minha vida mudada também".

==A prova social gera venda de forma racional. O cliente sai da fase de somente gostar e desejar para embarcar no racional. O *feedback* dá o motivo final para que a compra seja efetuada.==

E como você pode separar um *feedback* positivo de um negativo? O que é um bom *feedback*? O que deve ser considerado? Bom, isso depende muito de como você lida com críticas. Por exemplo, nunca fui muito de aceitar *feedbacks* negativos de pessoas que não me acompanham. E por que isso? Porque penso que os *feedbacks* negativos vêm com mais qualidade se partirem de pessoas que me acompanham, sabem do meu potencial porque já acompanharam outros trabalhos meus.

Mas se você tem uma loja de sapatos, por exemplo, e o *feedback* negativo envolver a qualidade do produto, então ele deve ser levado em consideração, não importa se o cliente é antigo ou novo.

O que aconteceu de errado? Pergunte ao cliente. A reclamação envolve só um aspecto do produto ou o conjunto? Busque traçar exatamente o cerne da reclamação do cliente, veja se é algo recorrente para outros que compraram com você, veja o que é possível fazer para mudar essa realidade.

Tenha em mente que lidar com o cliente que está reclamando com educação e cuidado às vezes pode ser o ponto que vai definir se ele deve dar ou não outra chance à sua loja. Se o problema é resolvido rapidamente e a situação é tratada com educação, as chances de aquela pessoa voltar a comprar com vocês são maiores do que se você apenas fizer tudo de qualquer jeito.

Também tenha em mente que em qualquer área sempre vai haver clientes mal-educados. Vai de você saber como tratar cada situação, mas lembre-se sempre de que cliente tem poder. Ele pode postar algo ruim sobre a sua loja para todo mundo ver, e isso já escapa da sua alçada, então tente sempre resolver tudo diretamente com ele, antes que o comprador decida compartilhar sua insatisfação com outras pessoas.

O ponto a seu favor de ter diversos *feedbacks* positivos à mostra é que, mesmo que haja um comentário negativo, ele vai ser percebido como algo isolado, já que todos os outros comentários mostram quanto o seu produto é bom e útil.

Se você for uma pessoa muito ocupada, uma opção inteligente é ter uma mensagem programada para responder os clientes com as principais perguntas. Assim você ganha tempo, consegue responder a alguma dúvida do cliente e ainda por cima otimiza tempo de serviço (já que nós sabemos bem que nem todo cliente que te chama no *direct* realmente vai finalizar a compra).

Agora você já sabe que o ciclo da venda de um produto envolve uma mistura de conteúdo que chame a atenção do cliente para seguir você, uma estratégia de retenção do cliente na sua página e, por fim, a compra. Esse ciclo marca o esquema 80x20 de conteúdo e venda. Além disso, vimos também que o que faz o seu público comprar o seu produto é o emocional e o racional, por isso é necessário atacar essas duas áreas respectivamente com gatilhos mentais e *feedbacks* de outras pessoas. Você está munido de todas as informações necessárias para criar um público engajado, pronto para comprar o que é oferecido, e essa é a maior estratégia de crescimento nas redes sociais.

O ALGORITMO NÃO É SEU INIMIGO

- HUMANOIDE INFLUENCIADOR
- PRIMAL BRANDING
- ÍCONES
- PALAVRAS SAGRADAS
- LINGUAGEM
- CREDOS E RITUAIS
- CRIAÇÃO

Cada rede social tem sua própria forma de lidar com seus usuários, e quem distribui conteúdos e analisa postagens é o algoritmo. Por exemplo, o algoritmo do Instagram é diferente do algoritmo do TikTok, porque cada um tem sua própria relação com o usuário.

O algoritmo é a junção de comandos que têm o objetivo de tornar aquela rede social em questão o mais legal e amigável para o usuário final. Assim, ele passa mais tempo naquela rede e convida outros amigos para estarem ali com ele. Quero mostrar que o algoritmo não é seu inimigo: você só precisa aprender a jogar pelas regras dele.

Eu não sabia que existia algo estratégico por trás do Instagram quando comecei a trabalhar com redes sociais. Além disso, sempre tive dificuldade em crescer meu Instagram sem ser na base do sofrimento, com muito esforço e energia. Eu precisava criar estratégias muito fora da curva para o meu Instagram demonstrar crescimento significativo. Porém alguns amigos meus cresciam seus perfis de maneira muito fácil, sem parecer fazer o mesmo esforço que eu. Mas as táticas que eles usavam não funcionavam para mim, porque tínhamos perfis diferentes para públicos diferentes e com objetivos diferentes.

Foi assim que aprendi que o algoritmo era o mesmo, mas o meu público tinha suas peculiaridades: horários em que mexia com mais frequência na rede social, hábitos de compra, necessidades e demandas que precisavam ser respondidas... É por isso que eu bato na tecla da adaptação: você precisa adaptar as regras das redes sociais para o seu objetivo de longo prazo, medindo como o seu público reage.

Nesse início, a minha relação com o algoritmo era confusa, porque eu ainda estava aprendendo a lidar com o meu crescimento, com a demanda do meu público e com o que eu poderia fazer para trazer mais gente. Mas do que o algoritmo gosta? O que postar para ter seu conteúdo mais bem distribuído?

QUAL É O GOSTO DO ALGORITMO?

Cada rede social tem estágios, desde a criação até a estabilidade. Assim que uma rede é criada, ela precisa de novos usuários, pois o foco é o crescimento expansivo. Nesse momento, essa rede valoriza mais alcance, mais conteúdo que faça as pessoas quererem entrar naquela rede social. Um exemplo disso é o TikTok, que oferecia dinheiro para as pessoas que conseguissem trazer outras para a plataforma. Hoje em dia, o TikTok tem uma tremenda influência no mundo digital. No Brasil, o Instagram ainda é uma referência maior e mais segura do que o TikTok, mas, em países como os Estados Unidos, o aplicativo de vídeos tornou-se quase uma entidade, virou ponto de referência no meio social.

Depois do primeiro estágio, algumas redes sociais entram na segunda fase, o platô, a estabilidade. O Facebook e o Instagram não conseguem mais dobrar o número de usuários, porque é muito difícil achar pessoas que não tenham esses aplicativos instalados em seus celulares ou computadores. Então essas redes mudam de estratégia: elas querem que os usuários passem mais tempo ali. Quanto mais você fica numa rede social, maiores as chances de aparecerem mais anúncios de acordo com o tipo de conteúdo que você consome.

Por exemplo, se você passa muito tempo no TikTok vendo vídeos de receitas culinárias, aquela rede social vai entender que os anúncios que funcionam para você precisam envolver comida ou utensílios culinários. Esse direcionamento de anúncios que estejam de acordo com o que você consome facilita a conversão em venda, já que você provavelmente vai querer fazer as receitas que viu e vai precisar de materiais para isso.

Essa conversão é benéfica tanto para aquela rede social quanto para você, criador de conteúdo e vendedor. Se você direcionar bem o seu público e entender com quem está falando, é provável que seus anúncios apareçam para mais pessoas da sua área de atuação, tudo isso com a ajuda do algoritmo, que entrega seu conteúdo específico para quem consome esse tipo de conteúdo específico.

O algoritmo é basicamente um medidor das redes sociais; é ele que avalia o que é relevante ou não. É o algoritmo que decide o que mostrar para você no seu *feed* baseado nas suas pesquisas e no que você gosta de consumir. Ele é robótico e nem sempre vai seguir suas expectativas, mas vou mostrar a você formas de lidar com o algoritmo e torná-lo seu melhor amigo em vez de seu inimigo.

E do que o algoritmo não gosta? Quando você tira as pessoas da rede social dele e as leva para outra, como quando você coloca um anúncio no Instagram que redireciona para o YouTube, por exemplo.

Ele também não gosta de conteúdos que não retêm a atenção do usuário, porque isso o deixa menos tempo na rede social, e o objetivo é mantê-lo ali o máximo de tempo possível. O algoritmo não gosta de anúncios e postagens que não tenham engajamento. É por isso que você precisa vender e ter engajamento.

O engajamento é consequência de uma série de fatores que geram conexão, identificação e vontade de expor opinião. Quanto mais as pessoas se engajam, mais tempo elas passam dentro da plataforma, o que agrada o algoritmo. Entendendo que seu conteúdo mantém as pessoas por mais tempo dentro da plataforma, o Instagram passa a entregar aquele conteúdo para cada vez mais pessoas. É muito importante estimular o engajamento, contudo o conteúdo de venda também tem sua importância. O ideal é buscar o ponto de equilíbrio entre os dois.

Se você fizer *posts* de venda demais, seu engajamento vai diminuir; se você engajar muito e não fizer *posts* de venda, as pessoas vão começar a seguir você por conhecimento ou entretenimento, não porque querem adquirir um produto, e isso vai minar suas vendas. Você precisa gerar naquela pessoa a sensação de que tem algo a vender, e isso vai mantê-la no seu perfil junto com os *posts* de engajamento. Por enquanto, vamos aprender a lidar com o algoritmo.

COMO TRABALHAR *COM* O ALGORITMO E NÃO *CONTRA* ELE

Trabalhar nas redes sociais exige dois lados: o lado humano e o lado robótico. Como assim, Hyeser? Você precisa entender como funciona aquela rede social, o que ela valoriza, o que impulsiona o seu crescimento, esse é o lado **ROBÓTICO**. O YouTube valoriza o *watchtime*, que é o tempo que o usuário passa assistindo a um vídeo, e a constância, ou seja, quantas vezes por semana aquele produtor de conteúdo posta vídeos, porque o algoritmo pensa e avalia: "Eu posso confiar nesse criador. Ele não vai me deixar na mão, já que é constante, por isso vou impulsionar o conteúdo dele".

O algoritmo quer que você fique de toda forma naquela rede social, do ponto de vista do consumidor. Do ponto de vista de quem produz conteúdo, ele quer que você possibilite que outras pessoas fiquem com você. Por isso o algoritmo prefere pessoas constantemente ativas – quanto mais ativo for, mais tempo o seu público passa no seu perfil e, consequentemente, mais tempo naquela rede social.

A outra parte é o lado **HUMANO**. Muitas pessoas têm problemas e traumas e não gostam de aparecer nas redes sociais, mas aí é que está: o nome desse tipo de rede é justamente *sociais*. Faz parte da realidade de qualquer rede a interação com os seguidores, mas você não precisa se preocupar em ter a vida perfeita para isso acontecer. As pessoas já não valorizam tanto os influenciadores perfeitos, agora o que mais se valoriza é a realidade, é a vida real. Então esse é o lado humano, quando você se conecta de verdade, quando você mostra os seus pontos fracos para o público e cria identificação. Agora não é feio mostrar os pontos fracos, isso na verdade mostra humanidade. E você pode fazer isso mostrando os bastidores, as coisas que você valoriza, suas crenças e valores.

E, para criar essa mistura entre robô e humano, vamos montar uma nova identidade que vai ajudar você a lidar com o algoritmo sem perder a sua humanidade: o humanoide influenciador.

HUMANOIDE INFLUENCIADOR

Você com certeza já ouviu gente falando sobre como as redes sociais são terreno de casa da Barbie, em que todo mundo aparenta ser algo, mostra ter uma vida perfeita, sempre colorida e cheia de fru-frus. Nos últimos tempos, o público tem pedido cada vez mais realidade por parte dos influenciadores.

Vamos pensar agora do ponto de vista do influenciador. Como ser uma pessoa real nas redes sociais sem perder o algoritmo de vista? Esse limbo entre ser um humanoide influenciador, apenas uma máquina sistemática que vive de algoritmo e uma pessoa humanizada, é tenso de verdade.

Como você já sabe, passei seis anos sem mostrar o rosto nas redes sociais e atravessei uma transição para lidar com a minha timidez durante esse período. Sem precisar mostrar minha vida ou quem eu era, eu apenas lidava com o algoritmo, não com a humanização. Quando decidi associar minha marca ao meu rosto, percebi que mostrar quem eu sou era uma estratégia muito boa para que as pessoas ao meu redor me conhecessem e, mais do que isso, se identificassem comigo.

Estou longe de ter uma vida perfeita, apenas passo por dificuldades diferentes, e precisei aprender a filtrar o que iria para o meu público e o que ficaria comigo. Algumas pessoas são mais reservadas, como eu, outras são mais expansivas e não veem problema em mostrar sua vida para outras.

Saiba que o seu público quer conhecer você, e, nas redes sociais, mostrar vulnerabilidade não é sinal de fraqueza. Não estou dizendo para você falar *tudo*, mas para aprender a medir o que pode ser dito sem que fique desconfortável. O seu limite é o seu bem-estar e a sua saúde mental. Esse pode parecer um papo bobo de autoajuda, mas é uma verdade que precisa ser relembrada constantemente quando vemos tantos gurus do marketing dizendo o tempo todo que você precisa se comportar de um jeito, que somente postando trinta *stories* por dia e fazendo malabarismos de ponta-cabeça é que vai ser conhecido. Não é assim que funciona!

Se você só seguir o algoritmo e virar uma máquina, vai conseguir resultados. Porque o algoritmo é numérico. Mas o seu público não é. A questão para ser bem-sucedido nas redes sociais não é só seguir o algoritmo, é usá-lo como ferramenta para alcançar *pessoas*, e pessoas se identificam com outras pessoas, não com máquinas.

Por isso, além de entender como o algoritmo funciona, ou seja, os macetes para se manter no topo da entrega de conteúdo, você deve adaptá-lo para a forma com que se sente confortável em se expressar – essa é a mescla perfeita entre algoritmo e humanização.

Já perdi as contas de quantas vezes vi profissionais de marketing digital falando: "Quem não é visto não é lembrado", "você precisa postar toda hora". E aí a questão que você tem que se fazer é: isso funciona para você? Qual é o seu limite? O sucesso de uma rede social não está no curto prazo, mas no longo prazo. Se você fizer agora no curto prazo o que não consegue fazer no longo prazo, então vai dar errado.

Por isso bato tanto na tecla de que você deve testar e aprender na pele o que funciona ou não, porque o seu público pode reagir ao algoritmo de maneira diferente da que reage com outros influenciadores.

> Como lidar com a frustração do engajamento? Se você recebe elogios e aquilo mexe demais com você, então vai acontecer a mesma coisa quando você for alvo de críticas. Ache sempre um meio-termo e pense no longo prazo. Saiba que alguns dos seus conteúdos não vão ter tanto engajamento, mas engajamento não se converte em venda. Engajamento é métrica de vaidade e traz novas pessoas para o seu negócio, mas não é ele quem gera a venda.

E a pergunta que fica é: como você pode criar uma comunidade que siga você, ajude o algoritmo e se interesse por quem você é e pelo que vende? Vamos conhecer um pouco melhor o *primal branding*, a sua ferramenta auxiliar quando falamos de construção de comunidade nas redes sociais.

PRIMAL BRANDING

Até agora, tenho batido na tecla do foco de longo prazo, na criação de uma comunidade que esteja presente e siga com você durante o seu trajeto nas redes sociais. Isso nada mais é do que um incentivo ao *primal branding*, que é o marketing para construção de comunidades.

O autor da teoria, Patrick Hanlon, explica e destrincha o conceito em sete pontos essenciais para que empresas (no nosso caso, você, leitor) possam criar uma imagem forte diante do público e expandir sua comunidade.

Como cada influenciador e cada perfil se comportam de uma maneira, quero trazer de modo contextualizado estes sete pontos sobre os quais você deve refletir nas redes sociais.

HISTÓRIA DE CRIAÇÃO

O ser humano tem a necessidade de descobrir a origem de tudo – desde a origem do Universo até a origem de um produto no supermercado. Todos nós temos origens diferentes, elas criam histórias que devem ser compartilhadas com a sua comunidade, porque assim é gerada conexão. Quando alguém se conecta com a sua trajetória, a tendência é que essa pessoa permaneça fiel a você e ao que você produz.

> "AH, HYESER, MAS EU NÃO TENHO UMA HISTÓRIA, EU SÓ FUI LÁ E FIZ."

Concordo em discordar de você. Não importa se uma história é cheia de tristeza ou alegria, se é chocante ou não, todos passam por desafios e todos superam desafios, pequenos ou grandes. E você, enquanto pessoa presente nas redes sociais, vai se deparar com desafios do seu nicho e vai aprender a passar por eles. As pessoas querem saber essas histórias, porque elas podem se identificar com aquilo, aplicar em suas vidas e ser motivadas também.

Para que você reflita melhor sobre quem você é e sobre os seus objetivos, se faça estas perguntas sobre sua história e seu propósito:

- **COMO VOCÊ COMEÇOU A FAZER O QUE FAZ?**
- **POR QUE VOCÊ COMEÇOU?**
- **QUAL TRANSFORMAÇÃO VOCÊ QUER CAUSAR?**
- **QUE PROBLEMA VOCÊ RESOLVEU COM ESSA TRANSFORMAÇÃO?**
- **QUAL DESEJO VOCÊ REALIZA?**
- **QUANDO VOCÊ PAROU E PERCEBEU QUE ISSO ERA O QUE VOCÊ QUERIA PARA A SUA VIDA?**

Com base nesses questionamentos, pense no que você pode compartilhar com os seus seguidores e no que pode ajudá-los a partir da sua trajetória. Se você passou por uma transformação, venceu um desafio, conte isso pra os seus seguidores! Não é se gabar, não é soberba, é simplesmente humanizar quem você é, e o melhor, dar uma chance para seus seguidores conhecerem você.

CREDOS

Credo é tudo aquilo em que você acredita. Nas redes sociais, a afirmação de credos é vista especialmente nas pessoas que não ficam em cima do muro, mas declaram e manifestam o que acreditam por meio de frases de impacto, *slogans* ou até mesmo durante a rotina da vida real, em conversas com seus seguidores.

Os credos são as partes mais densas do marketing digital, porque nem todos têm a mesma crença, mas o importante não é você concordar com todo mundo, e sim saber defender seus argumentos, porque isso gera conexão com seus seguidores. As pessoas que se posicionam atraem admiração e identificação.

Um exemplo perfeito disso é a jornalista e comentarista de política Mariana Brito. Concorde ou não com o assunto, a Mariana sabe se posicionar sobre o que acredita, e ela não tem medo de falar abertamente sobre isso. Deixa eu dizer por que isso é algo bom: quem está com ela se torna fiel, já que falar abertamente sobre o que muitas vezes vai na contramão do que muita gente acredita é um motivo de pensar "uau, que pessoa corajosa", e pessoas corajosas nos incentivam a ser corajosos também.

Veja algumas perguntas que você pode se fazer para entender melhor os seus credos:

- **NO QUE VOCÊ ACREDITA?**
- **NO QUE VOCÊ NÃO ACREDITA?**
- **O QUE VOCÊ ODEIA QUE SEUS COLEGAS DE PROFISSÃO FAÇAM?**
- **O QUE VOCÊ CRÊ SER NECESSÁRIO PARA O SEU NICHO, MAS NÃO VÊ TANTA GENTE FALANDO SOBRE?**

ÍCONES

A televisão é cheia de ícones, e muitas vezes as pessoas nem sequer percebem. Imagine uma roda de amigos em um bar, em que todo mundo está rindo e de repente você ouve ao longe "Ô loco, bicho!", na televisão. Você imediatamente é capaz de saber que quem falava isso era o Faustão em seu programa de domingo à tarde.

Ícones geram muito mais do que identificação sonora; eles geram símbolos. Quando as pessoas veem ou ouvem algo que remete a uma pessoa, ela se torna um símbolo memorável. Meio abstrato? Vamos exemplificar. Em 2021, o reality show Big Brother Brasil fez um sucesso tremendo no meio do marketing digital, e o motivo disso foi a participante Juliette, que entrou no programa com 12 mil seguidores e saiu com 24 milhões. Durante a sua trajetória no programa, os administradores da conta da Juliette identificavam a comunidade de torcedores com um emoji de cacto. E pronto, esse ícone de identificação foi o suficiente para que quem estivesse nas redes sociais fosse capaz de reconhecer o cacto como símbolo fechado e feito sob medida para a participante do programa.

Além de ser uma forma de gerar conexão, os ícones são antecipadores. Se você entra no Instagram e vê um *post* com uma certa identidade visual, usando sempre a mesma fonte e com estilo de edição característico, você já é capaz de associar a quem aquele perfil pertence.

Veja algumas perguntas que você pode se fazer para entender melhor seu tipo de ícone:

- **VOCÊ TEM ALGUMA CARACTERÍSTICA VISUAL CONSTANTE, UM PADRÃO?** (*POSTS, STORIES, FEED,* MAQUIAGEM)
- **VOCÊ TEM ALGUMA CARACTERÍSTICA SONORA CONSTANTE?** (FRASE-PADRÃO, ASSINATURA SONORA, MÚSICA)
- **VOCÊ TEM ALGUMA CARACTERÍSTICA OLFATIVA CONSTANTE?** (EMBALA SEUS PRODUTOS SEMPRE COM UM CHEIRO CARACTERÍSTICO QUE REMETA À SUA MARCA?)

- **COMO VOCÊ SE APROXIMA DO SEU PÚBLICO?**

- **QUAIS SÃO AS PRINCIPAIS REFERÊNCIAS DO SEU NICHO? (ROUPAS, MODO DE FALAR, SERIEDADE OU DIVERSÃO ETC.)**

PALAVRAS SAGRADAS

As palavras sagradas podem se misturar um pouco com os ícones, mas o enfoque delas é principalmente voltado para expressões que fazem parte do vocabulário da sua marca. Na Antiguidade, as palavras sagradas eram ligadas a ritos de iniciação, invocação de poderes ou repreensão de males. Trazendo para o contexto do século 21, as palavras sagradas atraem seguidores. Quer um exemplo? A profissional de marketing digital Duda Vieira (@mariaeduardasv) tem um lema: "O digital é a ÚNICA opção". Essa frase ecoa em seu perfil desde a bio até os cursos e *stories*. Quem a segue sabe que o digital é, realmente, a única opção.

O objetivo da palavra sagrada é fazer com que as pessoas reconheçam você só pelo bordão, a ponto de, muitas vezes, ser reproduzido pelos seguidores em conversas comuns, sendo amplamente reconhecido pelos membros da comunidade.

Um exemplo disso em maior magnitude é o comediante Whindersson Nunes. Em um de seus quadros, em que imita uma família rica e outra pobre, o YouTuber sempre usa o bordão "Jared", o nome da criança da família rica. Na internet, sempre que se compara uma família rica e a uma família pobre, o nome Jared aparece, e outros membros da comunidade do Whindersson se reconhecem, e ali você tem um encontro de seguidores.

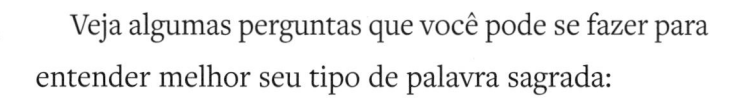

Veja algumas perguntas que você pode se fazer para entender melhor seu tipo de palavra sagrada:

- **VOCÊ TEM ALGUM *SLOGAN*?**
- **TEM ALGUMA FRASE OU EXPRESSÃO PELA QUAL SEUS AMIGOS E FAMILIARES RECONHECEM VOCÊ?**
- **VOCÊ TEM ALGUM PADRÃO DE REPETIÇÃO NOS *STORIES* PARA INTERAGIR COM O SEU PÚBLICO?**
- **HÁ ALGUMA CARACTERÍSTICA MARCANTE NA SUA FALA PELA QUAL AS PESSOAS SEMPRE RECONHECEM VOCÊ?**

LIDERANÇA

A liderança é responsável por atrair multidões. Esse conceito de *primal branding* é interessante para aqueles dispostos a dar a cara a tapa e guiar outras pessoas. O líder é aquele que mostra o caminho e encabeça o movimento de mudança em seu nicho. Quando falamos de liderança nas redes sociais, o assunto é a forma como você se posiciona para outras pessoas acompanharem você. É esse comportamento que pode tornar você um verdadeiro líder da sua audiência.

Atualmente, as pessoas têm muito medo de se posicionar, e isso é o que as impede de virar líderes. O cancelamento é um fator importante aqui, então saiba que ser líder não é fácil, pessoas vão discordar de você e isso vai ser bem cansativo, mas vale a pena.

Eu me considero um líder no meu perfil, porque testo novas opções o tempo todo e busco sempre trazer novas formas de conteúdo aos meus seguidores; e não só isso: tento sempre ensiná-los e guiá-los como um líder faz.

Veja algumas perguntas que você pode se fazer para entender melhor se é um líder:

- **VOCÊ ASSUME SEUS POSICIONAMENTOS?**
- **VOCÊ LIDERA PESSOAS PARA CONHECER NOVAS REALIDADES?**
- **VOCÊ É CAPAZ DE TIRAR DÚVIDAS, SANAR DIFICULDADES DOS SEUS SEGUIDORES E ENTÃO DAR OPÇÕES VARIADAS PARA LIDAR COM ADVERSIDADES?**
- **VOCÊ CRIA TENDÊNCIAS ENTRE SEUS SEGUIDORES?**

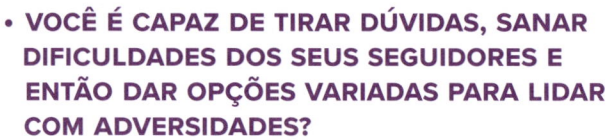

RITUAIS

Os rituais são basicamente rotinas. Todo mundo tem uma rotina. Sua rotina, por exemplo, pode ser tomar banho todo dia de manhã assim que acorda. E isso talvez seja algo tão natural que você nem sequer percebe. Ou, ainda, você pode ter o ritual de sempre tomar café em uma xícara especial.

Quando você cria rituais, seus seguidores se acostumam a eles. Mas uma dica de ouro é que esses rituais tenham conexão com a sua comunidade. Ritual de tomar café todo dia na mesma xícara? Legal. Mas ritual de tomar café todo dia na xícara personalizada com o seu *slogan* da marca, enquanto você responde a caixinha de perguntas toda segunda-feira de manhã? Incrível!

Por isso, tenha em mente três pilares que precisam fundamentar os seus rituais: devem ser alinhados ao seu credo, ou seja, não adianta fazer um ritual que contrarie o que você acredita; precisam ter significado, os seus seguidores precisam entender por que você faz aquele ritual; e, por último, precisam gerar entretenimento, porque as pessoas vão se lembrar do seu ritual especialmente se for divertido para elas.

Veja algumas perguntas que você pode se fazer para entender melhor quais os seus rituais:

- **TEM ALGO QUE VOCÊ FAÇA QUASE QUE RELIGIOSAMENTE ENVOLVENDO O SEU NICHO?**

- **QUAL É A SUA ROTINA DESDE O MOMENTO EM QUE VOCÊ ACORDA ATÉ DORMIR? O QUE PODE SER APLICADO PARA A SUA VIDA NAS REDES SOCIAIS?**

- **QUE NOVOS RITUAIS QUE CONVERSEM COM O PÚBLICO E COM OS TRÊS PILARES VOCÊ QUER INSERIR NA SUA VIDA?**

LINGUAGEM

Cada um se conecta com outras pessoas de um jeito. Sotaques, dialetos e idiomas diferentes são apenas alguns conceitos que fazem parte da vivência de cada pessoa. E, nas redes sociais, cada nicho tem sua própria linguagem.

Se você trabalha com um público voltado para a área do Direito, usar uma linguagem que bate com o seu público-alvo é o ideal, porque você estabelece conexão pela linguagem. Um exemplo mais direto disso é o Chavoso da USP. Se você nunca ouviu falar nele, tenho o prazer de apresentá-lo. Estudante de Ciências Sociais na Universidade de São Paulo, Thiago Torres criou o canal chamado Chavoso da USP, onde ele fala sobre questões sociopolíticas do Brasil e do mundo. Ainda mais do que isso, Thiago usa uma linguagem específica para o seu público-alvo: gírias de São Paulo e expressões jovens do português para explicar conceitos complicados de maneira simplificada. O formato do canal dele conversa visual e linguisticamente com o público dele.

É importante usar uma linguagem que faça seu público entender e reconhecer você nela. Se você for um médico e estiver atraindo clientes, não é falando em jargão médico toda hora que vai conseguir isso. É necessário adaptar o conteúdo para o seu público-alvo.

Veja algumas perguntas que você pode se fazer para entender melhor qual é a sua linguagem:

- VOCÊ USA EXPRESSÕES CORRIQUEIRAS?
- VOCÊ USA JARGÕES ESPECÍFICOS DA SUA ÁREA NA INTERNET?
- O SEU SOTAQUE PODE SER USADO A SEU FAVOR COMO FATOR MARCANTE NAS REDES SOCIAIS?
- VOCÊ FALA A MESMA LÍNGUA QUE O SEU PÚBLICO?

Quanta informação! Mas agora você sabe que o algoritmo não é seu inimigo e que, ao fazer *posts* que atraiam seus seguidores a

QUANDO VOCÊ cria rituais, seus SEGUIDORES se acostumam A ELES permanecer mais tempo no seu perfil, você pode conquistar uma comunidade *e* ser melhor amigo do algoritmo ao mesmo tempo. Isso é perfeitamente possível, e garanto que, se você começar a aplicar essa ferramenta incrível, seus resultados vão alavancar o seu perfil.

Então, lembre-se de como as redes sociais funcionam e de trabalhar com elas sem perder o seu lado humano, seja uma espécie de humanoide influenciador. Para conquistar uma comunidade no longo prazo, temos sete pontos essenciais do *primal branding*:

- **HISTÓRIA DE CRIAÇÃO:** fale sobre quem você é, seus sonhos e o que você já alcançou. Isso gera conexão e inspiração.

- **CREDOS:** imponha-se e mostre ao seu público as suas convicções. Isso se reflete no seu perfil e gera aproximação.

- **ÍCONES:** acessórios, características visuais, cheiros... Todos esses podem ser ícones que conectam o público à sua imagem imediatamente. Isso gera conexão.

- **PALAVRAS SAGRADAS:** tenha expressões ou traços sonoros que carreguem a sua marca; pode ser um bordão ou um jargão, por exemplo. Isso gera conexão.

- **LIDERANÇA:** lidere o seu público, tenha uma linha consistente de pensamento e assuma seus erros. Seja a pessoa para quem os seguidores se voltam em momentos de indecisão. Isso gera aproximação, conexão e confiança.

→ **RITUAIS:** tenha rituais que façam sentido para o seu público e os reforce *sempre*, sem deixar que caiam no esquecimento. Isso gera conexão.

→ **LINGUAGEM:** pense em características linguísticas suas que são comuns: sotaque, gírias, expressões comuns, e utilize isso como algo marcante no seu perfil. Isso gera conexão.

METODOLOGIA IS

CONTEÚDO INFINITO

3Rs DA CRIAÇÃO DE CONTEÚDO

- ♻️ RECICLAR
- 🛠️ RECRIAR
- 📐 REDIMENSIONAR

Pensar em conteúdos para publicar nas redes sociais, às vezes, não é tão simples; a criatividade nem sempre aparece quando precisamos dela, e nessa hora é muito fácil desanimar e pensar "só vou conseguir postar algo quando me sentir inspirado".

A verdade é que você vai precisar criar conteúdo mesmo não estando inspirado. Mas, se estiver preparado, os momentos de "seca criativa" não vão ser um fardo para você.

Já vivi momentos em que não tive inspiração ou o dia estava corrido demais a ponto de eu estar prestes a perder o horário de algum *post*. O que eu faço, no entanto, é nunca deixar de publicar algo só porque não estou inspirado o suficiente. Como eu já disse antes, o seu pior conteúdo pode ajudar outras pessoas.

Por isso, quero compartilhar algumas dicas de como produzir um conteúdo infinito para as suas redes sociais, e o melhor: você não precisa de uma inspiração divina (ou humana) para colocá-las em prática.

METODOLOGIA IS

O que mantém uma pessoa seguindo o seu perfil? São *posts* compartilháveis? É a sua autoridade? Os seguidores vão até você pelo entretenimento ou pelo conhecimento? Cada nicho nas redes sociais é seguido por um público diferente, mas uma metodologia, como a que falaremos agora, serve para todo tipo de público, e você só precisa adaptar o seu conteúdo a ela.

A primeira dica é, na verdade, uma metodologia chamada IS. Existem sete tipos de conteúdo que são essenciais para dar uma guinada nas suas redes sociais. São eles: identificação, indignação, inovação, indireta, inspiração, impacto emocional e sensualidade. Conteúdos que geram cada um desses itens fazem parte da estratégia de ampliar seu público e manter seu ritmo de produção de conteúdo independentemente de estar inspirado ou não. Vamos conhecê-los um pouco melhor?

Identificação

Você já compartilhou um *post* em alguma rede social porque se identificou com o que estava escrito? Talvez tenha sido um meme sobre a sua profissão, ou então um *tweet* falando sobre algo que você já sentiu ou pensou. Conteúdos que geram identificação são muito compartilháveis, porque as pessoas querem se identificar, elas querem se reconhecer em um conteúdo on-line. E quando há identificação há compartilhamento, porque nós sempre queremos mostrar para as pessoas que nos identificamos com aquilo que foi compartilhado.

Por exemplo, o que geraria identificação para mim seria um meme de marketing digital.

Se você também for o público-alvo do seu próprio conteúdo, utilize citações, frases e até memes com os quais *você* se identifique também para produzir esse tipo de *post*. Agora é a hora de olhar para os *posts* dos seus concorrentes e gigantes do seu nicho para ver que tipo de conteúdo de identificação funciona melhor e tem mais alcance. Como você já sabe a essa altura, você pode analisar as métricas de comentário e curtidas para identificar quais *posts* são mais compartilhados.

Indignação

Ainda seguindo a ideia dos *posts* de identificação, o *post* de indignação serve para compartilhar o que as pessoas *não* são. Nossa, como assim? Assim como na internet você quer compartilhar ideias que você aprova e com as quais se identifica, é muito comum também compartilhar o que você *não é*.

Durante o ano de 2020, houve muitas manifestações contra o racismo no mundo todo, inclusive no Brasil. Durante os dias mais tensos, quando passeatas ocorreram contra a violência policial, as pessoas sentiram a necessidade de se posicionar contra o racismo nas redes sociais.

Esse posicionamento de indignação contra o racismo foi muito compartilhado. Isso porque as pessoas queriam mostrar que o preconceito racial é revoltante e impensável para elas.

Pense no seu nicho: existe alguma notícia ou algum comportamento negativo comum na sua área que cause indignação? Transforme isso em um *post*, deixe seu público compartilhar e interagir com ele.

Inovação

Em 2017, houve um *boom* a respeito do óleo de coco. Em terra de *influencer* fitness, o óleo de coco era rei: no café, nas receitas, no cabelo, em tudo! Especialmente para aqueles que queriam emagrecer, esse óleo aparentemente milagroso virou um item necessário junto ao café matinal e à crepioca. Porém, ainda em 2017, começaram a sair estudos mostrando que a eficácia do óleo de coco para o emagrecimento não era tão majestosa como os *influencers* faziam parecer ser[1].

Inovação é a palavra-chave quando falamos de redes sociais. Você precisa estar em constante desenvolvimento, pois quem fica para trás acaba perdendo o *timing* das tendências e isso pode ser ruim. Durante a época em que o óleo de coco estava em alta, as pessoas que embarcaram na onda da inovação foram beneficiadas, trazendo novidades e implementando uma alternativa para o emagrecimento. Quando as pesquisas surgiram questionando a eficácia, os compartilhamentos sobre a novidade também foram altíssimos. A inovação chama a atenção.

---

1. Karina Toledo, **EFICÁCIA DO ÓLEO DE COCO É CONTESTADA POR MÉDICOS**. Veja Saúde, 25 mar. 2021. Disponível em: https://saude.abril.com.br/alimentacao/eficacia-do-oleo-de-coco-e-contestada-por-medicos/. Acessado em: 14 jun. 2021.

Por isso, se o seu perfil é voltado para um nicho mais específico, é normal que seus seguidores queiram estar atentos às novidades do momento. As pessoas querem compartilhar conteúdos envolvendo inovação para mostrar que estão antenadas sobre o que acontece no mundo (assim como você está antenado agora sobre a onda do óleo de coco).

Indireta

Só quem é de verdade sabe quem é de mentira. Você já ouviu alguma frase genérica desse tipo rodando nas redes sociais, não é? As indiretas são muito compartilhadas porque as pessoas querem falar coisas para outras sem dizer necessariamente de forma direta. A questão da indireta é querer passar uma mensagem para outra pessoa sem assumir responsabilidade pelo que foi dito.

Quando você publicar uma indireta, não se esqueça de que, quanto mais abrangente ela for, maior a chance de compartilhamentos. É muito comum vermos indiretas em páginas de entretenimento, e esses *posts* têm muitos compartilhamentos porque, vamos ser honestos, às vezes o dedo coça para publicar uma indireta, não é?

Inspiração

Opa, inspiração? Mas nós não estávamos falando sobre o que publicar justamente quando falta inspiração? Bom, é possível que você tenha lido nossos tópicos até agora e já tenha se inspirado para fazer algumas publicações, então podemos dizer que isso foi inspirador (imagino que tenha sido), e você pode compartilhar isso com um amigo da área de produção de conteúdo que também precise de inspiração para melhorar as postagens.

Nas redes sociais, os *posts* que geram inspiração são compartilhados porque os seguidores desejam o mesmo resultado de quem fez a postagem inspiracional, querem que a vitória daquela pessoa aconteça com elas também.

Posts inspiracionais que falam sobre conquistas e citam pessoas bem-sucedidas são compartilháveis porque incentivam as pessoas a continuar lutando.

Se você ultrapassou uma dificuldade que tem a ver com o seu público, fale sobre ela, esteja aberto para mostrar às pessoas como é possível chegar aonde você chegou.

Impacto emocional

Durante a pandemia da Covid-19, a população mundial, por meio de campanhas de divulgação, fez vídeos e postagens ensinando a lavar as mãos. Será que as pessoas não sabiam lavar as mãos? Não exatamente. Um dos métodos de prevenção contra o coronavírus era simplesmente lavar as mãos, mas nem todo mundo sabia que esse processo é mais complexo do que parece.

Um desses vídeos viralizou em diversos países, e nele uma profissional de saúde usa luva e tinta para mostrar como funciona a correta lavagem de mãos[2]. Muitas pessoas ficaram chocadas ao descobrir que lavar as mãos é um processo mais delicado do que normalmente estamos acostumados. A partir dessa campanha de conscientização, muita gente levou para sua vida o método de lavar as mãos com mais atenção do que antes.

Essas postagens causam impacto emocional, porque geram consciência e provocam mudança de hábitos, por isso são tão compartilhadas, para que outras pessoas também sejam impactadas e compartilhem com ainda mais gente.

Posts de impacto emocional geram compartilhamento porque tudo que toca no emocional comove: é como se você estivesse falando diretamente com o coração das pessoas.

Sensualidade

As postagens de cunho sensual ou que remetem à sensualidade, em um parâmetro geral, geram muito mais compartilhamento ou engajamento, porque as pessoas são atraídas para fotos assim, seja por atração, seja para falar mal.

A verdade é que o corpo humano é motivo de fala, seja para o bem ou para o mal. Faça um teste: entre no perfil de alguma blogueira de *lifestyle* e veja as fotos dela. É quase certo que as fotos tiradas na praia ou mostrando mais do corpo sejam as mais curtidas.

---

2. Vídeo disponível em: https://www.youtube.com/watch?v=6EFG_u41LpE. Acessado em 14 jun. 2021.

A INOVAÇÃO chama a ATENÇÃO

Imagens que mostram mais partes do corpo ou instigam a sexualidade chamam mais a atenção das pessoas.

OS 3RS DA CRIAÇÃO DE CONTEÚDO

Muita coisa, não é? Há diversos tipos de conteúdo que são mais compartilháveis na internet e não dependem tanto de inspiração. Aqui vai uma dica especial: enquanto você estiver animado e inspirado, anote suas ideias de publicações. Se conseguir adiantar alguns *posts*, melhor ainda! Assim, você tem algumas reservas caso a inspiração acabe do nada.

Mas e quando você simplesmente não sabe mais o que publicar? E se deu um branco na mente e não há nenhuma luz divina brilhando no topo da sua cabeça com uma ideia inovadora? Então nós vamos usar os 3Rs.

Você já ouviu falar deles? Eles são: reduzir, reutilizar e reciclar. Esse termo é comumente usado na hora de falar sobre reciclagem de produtos, a fim de evitar o desperdício e estimular a reciclagem de materiais descartáveis para coleta ou reutilização. No meio do marketing digital, nós temos os 3Rs da criação de conteúdo.

A verdade é que os conteúdos na internet têm um prazo de validade bem curto. Novos *posts* são feitos diariamente, e as pessoas eventualmente se esquecem de um certo conteúdo que viram duas semanas atrás. Por isso, quando a inspiração faltar e você não tiver ideia do que publicar, lembre-se dos 3Rs da criação de conteúdo: reciclar, recriar e redimensionar.

Reciclar

Para reciclar um conteúdo, você pode pegar uma postagem que tenha feito e trazê-la de volta para o seu *feed*. Vamos supor que você trabalhe com uma loja de produtos naturais e há alguns meses fez uma postagem sobre como funciona o ciclo de produção de frutas secas.

Após alguns meses você já alcançou novos seguidores, e é muito provável que eles não acessem aquele conteúdo antigo. Então você recicla o conteúdo e o posta novamente. Ou seja, reciclar um conteúdo significa pegar um material já esquecido e colocá-lo novamente nos holofotes dos *posts* mais recentes.

Recriar

O processo de recriar um material é muito parecido com o que acontece na reciclagem. Nele, você vai alterar um material que já foi postado. Você pode mudar a legenda, a fonte do *post* e até mesmo adicionar conteúdo – isso é recriar um conteúdo.

Imagine que você tenha um perfil sobre livros de romance histórico. Há algum tempo você fez um *post* sobre o baixo número de vendas de romances históricos no Brasil em 2016. Em 2021, no entanto, houve um aumento considerável de leitores desse gênero. Então você usa aquele *post* que já existia, faz um remolde, adiciona algumas informações e retira outras, atualiza o que puder e em seguida reposta.

Uma ótima saída, não acha?

Redimensionar

Você lembra quando falamos sobre como as plataformas estão sempre inovando seus formatos de produção de conteúdo? O Instagram, por exemplo, criou o *reels*, já o TikTok criou uma plataforma só de vídeos com alto índice de engajamento. Felizmente, os conteúdos na internet são maleáveis o suficiente para você aproveitá-los de todas as formas possíveis.

Por exemplo, pense em uma dermatologista que faça *posts* mostrando para os seguidores alguns hábitos para manter a pele saudável. E então, para inovar o formato e alcançar usuários que preferem conteúdo em vídeo, ela faz um *reels* com a *mesma* informação, mas com outro formato.

Redimensionar o conteúdo é uma estratégia muito inteligente para alcançar diferentes pessoas que curtem o mesmo assunto, o mesmo nicho que você. Alguns usuários preferem assistir a vídeos rápidos, como os do *reels* ou do TikTok, já outros preferem ler legendas, e outros ainda preferem assistir a IGTVS. Usar o mesmo conteúdo em formatos diferentes garante uma abrangência maior e aumenta as chances de ampliar o público.

GERE CONTEÚDO COM BASE NO CONTEÚDO DOS SEUS CONCORRENTES

Agora você tem ideias de conteúdos e conhece ferramentas (mais especificamente, três) para mantê-los sempre atualizados. Tenho algumas dicas extras para você ficar de olho nas tendências e sempre produzir conteúdos inovadores.

Por exemplo, é na concorrência que você pode buscar inspiração. Se alguém do mesmo nicho que você faz um *post* com certo tipo de conteúdo e esse conteúdo explode, você não deve ficar remoendo "Ah, por que não eu não pensei nisso antes?". Ao contrário, pense: "O que funcionou no conteúdo dessa pessoa? Foi a fonte? O conteúdo em si? O que as pessoas estão dizendo nos comentários?".

Existe uma maneira de acompanhar seus concorrentes e analisar quais foram as melhores publicações. Como fazer isso? A partir dos números. Você tem acesso a curtidas e comentários. Quando você analisa esses números de fora, pode se basear para identificar quais foram os conteúdos fora da curva para aquele concorrente em questão. Analise os pontos específicos e veja como aquele tipo de conteúdo pode ser aplicado para o seu perfil. Mas lembre-se: sem copiar. Inspirar-se no conteúdo de outra pessoa é normal, mas não copie.

Ok, analisei; e agora? Vamos ver o conteúdo. Você concorda com o que aquela pessoa disse? Você consegue adaptar aquilo para o seu perfil sem copiar? Você pode tirar pontos com que não concorda e trazer do seu jeito os pontos com os quais concorda. Além disso, também é possível adicionar pontos sobre os quais você pensou e que não identificou no conteúdo do concorrente.

Óbvio, existem outras formas de aproveitar essa análise de concorrência. Quando você segue vários concorrentes, vai ver que eles têm um ponto em comum: na maioria das vezes, os conteúdos têm certa linearidade.

Uma postagem que fiz falando sobre nichos foi algo que funcionou para certo concorrente. Aí outro concorrente fez um *post* seguindo a mesma linha lógica, o que também funcionou. Se há várias pessoas do mesmo nicho produzindo aquilo, então você sabe que aquele conteúdo funcionou.

Então como funciona na prática? Você vai pegar todos os *posts* daqueles concorrentes falando sobre o assunto, acrescentar pontos que você pensou, tirar os que você não acredita e, então, publicar. E é interessante analisar o comportamento das pessoas com relação ao *post* em questão. Sobre aqueles que foram ao *post* do concorrente comentar, o que eles falaram? Eles reclamaram de algo do *post*? Adicionaram algo ao conteúdo que o concorrente não colocou no *post*? Analise esses pontos e os considere para o seu próprio *post*. Isso aprimora o seu conteúdo.

Acompanhar os concorrentes é bom não só para identificar os conteúdos que funcionam, mas também para acompanhar novas tendências.

Já falamos sobre quanto a inovação é importante para o contexto das redes sociais, e avaliar tendências surgindo no seu nicho é um passo a mais para colocar você na frente de outros concorrentes e fazê-lo alcançar um público mais amplo. Para entender o que é tendência no mundo, mais especificamente no seu nicho, há três ferramentas que podem ajudar você.

➼ **GOOGLE TRENDS:** o Google pode ser o seu melhor amigo na hora de buscar conteúdos relevantes do seu nicho. O Google Trends mostra os assuntos em tendência. É só digitar o assunto na área de pesquisa, que ele vai mostrar a tendência daquele assunto. Se você colocar "nutrição", por exemplo, ele vai mostrar a curva de tendência daquele nicho, e é possível ver o número de buscas sobre o assunto em questão.

➡ **ALSOASKED:** esse site é perfeito para você entender assuntos correlacionados com o seu nicho. Você busca algo na barra de pesquisa, e o site devolve outras respostas, como: "pessoas que pesquisaram por marketing digital também pesquisaram esse outro assunto". Essa ferramenta é interessante porque mostra as dúvidas das pessoas sobre vários assuntos, o que faz com que você aumente o seu alcance de conteúdo e a sua chance de sanar dúvidas dos seus clientes sobre as quais você nem sequer pensou.

➡ **GOOGLE ALERTS:** outra ferramenta do Google, o Google Alerts é ótimo para dar um pin, ou fixar, as informações que você precisa com mais rapidez. Imagine que você trabalhe com marketing digital e quer saber tudo o que há de novo sobre *stories*. Então você entra no Google Alerts e coloca um alerta sobre *stories*, e assim vai receber um aviso sobre qualquer coisa relacionada ao assunto.

Criar conteúdo não depende unicamente de uma criatividade fora do comum: você só precisa saber onde buscar inspiração e como continuar criando postagens apesar da falta de inspiração. Para isso, podemos apostar no conteúdo infinito, partindo da metodologia IS, que consiste em *posts* de identificação, indignação, inovação, indireta, inspiração, impacto emocional e sensualidade. Quando você estiver sem ideia alguma do que publicar, lembre-se dos 3Rs da criação de conteúdo: reciclar, recriar e redimensionar. Por fim, para saber qual é o tipo de conteúdo que mais faz sucesso nas redes, você pode acessar algumas ferramentas que vão ajudá-lo a monitorar as *trends*: Google Trends, AlsoAsked e Google Alerts.

Conclusão

Como crescer nas redes sociais? Não existe uma resposta única para essa pergunta. Por serem as redes sociais um ambiente muito diverso, você não só pode como deve testar diferentes ferramentas para estabelecer a sua marca nesse meio. O que funciona para mim pode não funcionar para você. O diferencial deste livro é mostrar ferramentas para colocar em prática o seu objetivo final — seja ele igual ao meu ou não.

Uma característica comum em tudo o que falamos até agora, no entanto, é o longo prazo. Nunca passou pela minha cabeça querer que você, leitor, chegasse ao ápice de sua marca para então cair por falta de preparo. A liberdade que você merece ter não é passageira, mas deve ser prolongada, de forma que possa mudar de objetivos sem desviar os olhos do alvo final, que é a liberdade digital.

Quando finalmente alcancei minha independência por meio das redes sociais, entendi que ela não dependeu do tipo de conteúdo que eu postava, mas da forma como o fazia.

Observe este livro, por exemplo. Você já deve ter percebido que, desde o conteúdo até o design, apliquei *tudo* o que disse até agora: gatilhos mentais para fazer você entender por que trabalhar com redes sociais é um bom investimento; conteúdo infinito, em que reciclei meu conteúdo do Instagram, aprimorei e transformei em um livro, o que também leva a redimensioná-lo; metodologia IS, em que você percebe um toque de indireta e provocação na sinopse do livro; recursos visuais claros na capa, já que agora você consegue relacionar as fontes e as cores ao meu perfil do Instagram etc.

Você pode ser de uma área completamente diferente da minha, pode ser um médico cirurgião na Lituânia, mas o que nos liga é

Você também pode!

como expresso meu conteúdo para sanar um problema seu. Então o que verdadeiramente importa é o *como*, não *o quê*. Como você se porta com o seu público importa, como você decide expressar suas opiniões importa, como você lê as tendências do mundo digital importa.

Sempre tem alguém precisando do seu produto ou do seu serviço, só é necessário fazer com essa pessoa chegue até você, e as redes sociais são a forma perfeita de fazer isso.

Saiba que você tem nas mãos todas as ferramentas necessárias para ser livre nas redes sociais, sem se prender ao desespero por crescimento rápido ou se preocupar com uma queda vertiginosa. Eu aplico no dia a dia tudo que está escrito aqui e garanto que cada segundo valeu no longo prazo — e vai continuar valendo.

Por isso, tenha *skin in the game*, coloque em prática o que você leu e pense sempre no longo prazo. Afinal de contas, o Hyeser de sete anos atrás conseguiu a liberdade que queria mesmo sem saber como começar. Você também pode.

Esta obra foi composta por Maquinaria Editorial nas famílias tipográficas FreightText Pro, Proxima Nova e Salvatico. Impresso em fevereiro de 2023.